Édition 2019

BREVET

1500 QUIZZ

pour préparer l'épreuve de

Français

Les Éditions de l'Absence

SOMMAIRE

QUESTIONS

RÉPONSES

Langue

Langue

1. À, dans, par, pour, en, vers, avec, de, sans, sous, sur… est la liste :
    A. Des interjections
    B. Des conjonctions de coordination
    C. Des conjonctions de subordination
    D. Des prépositions

2. Parmi ces classes de mots, laquelle n'est pas variable ?
    A. Les adjectifs
    B. Les verbes
    C. Les prépositions
    D. Les déterminants

3. Quel est l'intrus ?
    A. Le mien
    B. Lorsque
    C. Plusieurs
    D. Des
    E. Celui

4. Une conjonction de subordination est toujours invariable :
    A. Vrai
    B. Faux

5. J'espère qu'il fera assez beau demain. Relevez la conjonction de subordination :
    A. Assez
    B. Beau
    C. Qu'

6. Que, quand, si, puisque, comme, lorsque, quoique sont des :
    A. Conjonctions de subordination
    B. Conjonctions de coordination
    C. Prépositions
    D. Adverbes

7. Parmi ces mots lequel n'est pas un adverbe ?
    A. Tellement
    B. Hier
    C. Certains
    D. Souvent
    E. Dessus

8. Parmi ces mots lequel n'est pas un pronom ?
    A. Me
    B. En
    C. Y
    D. Celui
    E. Mon

9. Trouver l'intrus :
    A. Plusieurs
    B. Quel
    C. Dont
    D. Deux
    E. Mon

10.   Parmi ces mots lequel n'est pas une conjonction de subordination ?
    A. Puisque
    B. Si bien que
    C. Au moment où
    D. Donc
    E. En effet

11.   Lequel de ces mots n'est pas un adverbe ?
    A. Quiconque
    B. Assez
    C. Ainsi
    D. Environ
    E. Quand ?

12.   Parmi ces verbes lequel n'est pas un verbe d'état ?

A. Demeurer
B. Sembler
C. Arranger
D. Avoir l'air
E. Être

Donner la classe grammaticale des mots soulignés dans les phrases suivantes:

13. «Madame Vauquer, née de Conflans, est une **vieille** femme qui, **depuis** quarante ans, tient à Paris une **pension** bourgeoise établie rue Neuve-Sainte-Geneviève, **entre** le quartier latin et le faubourg Saint-Marceau.» H. de Balzac, *Le père Goriot.*
   A. Nom commun, conjonction de subordination, adjectif, conjonction de coordination
   B. Adjectif, conjonction de coordination, nom commun, conjonction de coordination
   C. Adjectif, conjonction de subordination, nom commun, conjonction de coordination

14. **Cette** pièce de théâtre est **vraiment** excellente :
   A. Déterminant, adverbe
   B. Déterminant, adjectif
   C. Pronom, Conjonction de coordination
   D. Conjonction de subordination, Adjectif

15. Les Juillettistes sont les vacanciers **qui** partent au mois de juillet :
   A. Déterminant
   B. Conjonction de subordination
   C. Conjonction de coordination
   D. Prépositions

16. J'aime me **promener** dans la ville la nuit :
   A. Verbe
   B. Pronom
   C. Déterminant
   D. Nom commun

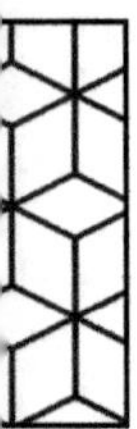

17. Le drapeau français comporte **trois** couleurs :
  A. Pronom
  B. Déterminant
  C. Préposition
  D. Nom commun

18. Il adore sa voiture, je préfère **la-mienne** :
  A. Déterminant possessif
  B. Pronom démonstratif
  C. Pronom possessif

19. Parmi ces mots, lequel n'est pas un adverbe ?
  A. Prudemment
  B. Firmament
  C. Spontanément
  D. Calmement
  E. Gentiment

20. À quelle classe grammaticale appartiennent ces mots : Oh ! Ouf !
     Aïe !
  A. Conjonctions de coordination
  B. Interjections
  C. Pronoms
  D. Déterminants

Dans les phrases suivantes, l'adjectif est-il épithète ou attribut ?

21. Il paraît très pâle ce matin :
  A. Épithète
  B. Attribut

22. Elle porte un sac à dos rouge :
  A. Attribut
  B. Épithète

23. Paul est un garçon gentil et intelligent :
  A. Épithète
  B. Attribut

24. Courageuse, elle combat sa maladie sans relâche :
  A. Épithète
  B. Attribut

25. Elle semble heureuse de son travail :
  A. Attribut
  B. Épithète

Dans les phrases suivantes, indiquer la fonction du groupe de mots soulignés :

26. Nous allons passer **par le petit chemin le long du lac** :
  A. Complément d'objet direct
  B. Complément d'objet second
  C. Complément circonstanciel de lieu
  D. Épithète

27. Cet objet ne sert **à rien** :
  A. Complément d'objet second
  B. Complément d'objet direct
  C. Complément d'objet indirect
  D. Complément du nom

28. Je **lui** ai accordé une faveur :
  A. Complément d'objet second
  B. Attribut du COD
  C. Complément d'objet indirect
  D. Épithète

29. J'ai commandé mon billet **par téléphone** :
  A. Complément circonstanciel de lieu
  B. Complément circonstanciel de manière
  C. Complément circonstanciel de temps
  D. Complément du nom

30. Mon frère apprend vite **ses leçons** :
  A. Sujet
  B. Complément d'objet direct

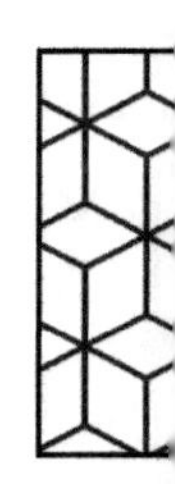

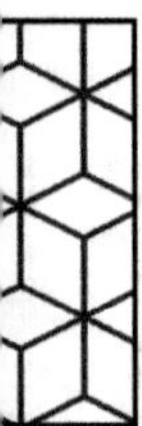

    C. Complément d'objet indirect
    D. Complément circonstanciel de manière

31. Il portait un chapeau **noir** qui lui allait à merveille :
    A. Épithète
    B. Apposition
    C. Complément du nom
    D. Complément d'objet direct

32. **Paris**, la capitale de la France est l'une des villes les plus visitées au monde :
    A. Attribut du sujet
    B. Épithète
    C. Apposition
    D. Complément du nom

33. **Boire** avant de prendre la route est dangereux et stupide :
    A. Complément d'objet direct
    B. Sujet
    C. Attribut du sujet
    D. Complément d'objet second

Dans les phrases suivantes, indiquer la nature des compléments circonstanciels (CC) soulignés :

34. Elle découpa **délicatement** sa feuille **avec ses ciseaux** :
    A. CC de moyen – CC de manière
    B. CC de manière – CC de manière
    C. CC de manière – CC de moyen

35. **Même si cette voiture est une super occasion**, je ne peux pas l'acheter :
    A. CC de manière
    B. CC de concession
    C. CC de cause

36. J'ai fait un stage d'anglais pendant les vacances, **j'ai donc fait beaucoup de progrès** :

A. CC de conséquence
B. CC de moyen
C. CC de cause

37. **<u>Après avoir fini ses devoirs,</u>** Antoine a le droit de regarder la télévision :
A. CC de temps
B. CC de condition
C. CC de conséquence

38. **<u>S'il fait beau demain</u>**, nous irons à la plage :
A. CC de temps
B. CC de condition
C. CC de conséquence

39. Encore aujourd'hui des enfants meurent **<u>de malnutrition</u>** :
A. CC de manière
B. CC de conséquence
C. CC de moyen

40. Martine n'arrive pas à s'endormir, **<u>car elle s'est levée trop tard ce matin</u>** :
A. CC de conséquence
B. CC de cause
C. CC de concession

41. Victor met un manteau **<u>pour sortir</u>** :
A. CC de cause
B. CC de but
C. CC de conséquence

42. Aurélien est rentré **<u>par la grande porte</u>** :
A. CC de lieu
B. CC de manière
C. CC de moyen

43. **<u>Bien que je sois malade</u>**, je passerai mon examen aujourd'hui :
A. CC de condition

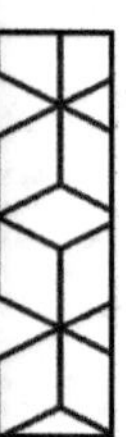

B. CC de concession
C. CC de cause

Dans les phrases suivantes, indiquer la classe grammaticale et la fonction du groupe de mots souligné :

44.   L'homme **que** j'ai rencontré est formidable :
A. Adverbe, COD
B. Pronom relatif, COI
C. Déterminant, COD
D. Pronom relatif, COD

45.   **Certains** n'ont pas contribué à la collecte de dons :
A. Déterminant, COD
B. Déterminant, sujet
C. Pronom, sujet
D. Pronom, attribut du sujet

46.   **Noël** est une fête religieuse :
A. Nom commun, sujet
B. Nom propre, Attribut
C. Nom propre, sujet

47.   Les histoires de sorcière **m**'ont toujours terrorisé :
A. Pronom personnel, sujet
B. Pronom personnel, COS
C. Déterminant, COI
D. Pronom personnel, COD

48.   Le salon était chauffé **par la cheminée** où crépitait **un feu** :
A. COI, COD
B. Complément circonstanciel de lieu, sujet
C. Complément d'agent, sujet
D. Complément circonstanciel de manière, COD

Dans ces extraits relever le nombre de compléments circonstanciels :

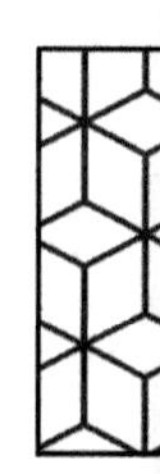

49. «Le lendemain, l'aubergiste entra dans la cour de la mère Magloire, puis tira du fond de sa voiture une petite barrique cerclée de fer.» G. de Maupassant.
   A. 3
   B. 2
   C. 5
   D. 1

50. «Voyez si vous pourrez vous lever tous les matins avec plus de volonté que vous n'en aviez la veille.» H. de Balzac.
   A. 1
   B. 3
   C. 2

51. L'apposition est :
   A. Une figure de style
   B. Une expansion du nom
   C. Le sens contraire d'un mot

52. L'apposition est séparée du mot qu'elle complète par :
   A. Un adverbe
   B. Un signe de ponctuation
   C. Des parenthèses

Dans les phrases suivantes, le mot souligné est-il une apposition ou un complément du nom ?

53. Le bureau **du proviseur** est au fond de la cour :
   A. Apposition
   B. Complément du nom

54. La porte **de ma voiture** est coincée depuis hier :
   A. Complément du nom
   B. Apposition

55. Louis XIV est surnommé Roi-**Soleil** :
   A. Apposition

B.   Complément du nom

56.   Il n'avait qu'un objectif, **réussir** :
A.   Apposition
B.   Complément du nom

57.   Les rues **de Paris** sont désertes le jour de l'an :
A.   Complément du nom
B.   Apposition

Dans les phrases suivantes, relever les appositions :

58.   Le vainqueur du championnat, un jeune auvergnat, salua le public :
A.   Du championnat
B.   Un jeune auvergnat
C.   Salua le public

59.   Suffocant, le pompier dut renoncer à sauver le chien :
A.   Suffocant
B.   Dut renoncer
C.   Le chien

60.   L'enfant, les yeux baissés, semblait triste :
A.   L'enfant
B.   Les yeux baissés
C.   Semblait triste

61.   François 1er, roi de France, jouissait d'un grand pouvoir :
A.   François 1er
B.   Roi de France
C.   Jouissait d'un grand pouvoir

Dans les phrases suivantes, indiquer quelle est la classe grammaticale des appositions :

62.   Œdipe et sa fille, Antigone, marchent sur les routes de Grèce :
A.   Groupe nominal

    B.   Nom propre
    C.   Proposition subordonnée complétive

63.   Subjugués, les Thébains voient le père et la fille partir en exil :
    A.   Nom propre
    B.   Groupe nominal
    C.   Participe passé

64.   Elle n'a qu'un désir : soutenir son père :
    A.   Proposition infinitive
    B.   Proposition complétive
    C.   Proposition participiale

65.   La pluie, qui redoublait, calma bien des ardeurs :
    A.   Proposition subordonnée relative
    B.   Groupe nominal
    C.   Participe présent

66.   Qu'exprime le passé simple dans un texte ?
    A.   Un fait passé sans durée précise
    B.   Un fait passé qui dure
    C.   Un fait passé bref et achevé

67.   Dans un texte narratif, le passé simple est utilisé :
    A.   Au premier plan
    B.   Au second plan

68.   Quelles sont les terminaisons du passé simple des verbes du 1er groupe ?
    A.   ai, as, a, âmes, âtes, èrent
    B.   is, is, it, îmes, îtes, irent
    C.   us, us, ut, ûmes, ûtes, ûrent

Mettre au passé simple les verbes entre parenthèses :

69.   Il … (vivre) au Moyen-Âge :
    A.   Vivait

B. Vécut
C. Viva

70. Il … (mettre) sa serviette sur la table :
A. Metta
B. Mit
C. Mettait

71. Son fils … (croire) toujours en lui :
A. Croyait
B. Crût
C. Crut

72. Quel est le passé simple du verbe aller à la 3e personne du singulier ?
A. Alla
B. Allai
C. Allat

73. Quel est le passé simple du verbe être à la 1ère personne du singulier ?
A. Fis
B. Fus
C. Fûs

74. Quel est le passé simple du verbe naître à la 1ère personne du pluriel ?
A. Nous naissions
B. Nous naquîmes
C. Nous naquissions

75. Quel est le passé simple du verbe connaître à la 1ère personne du singulier ?
A. Je connus
B. Je connaissai
C. Je connaissais

Dans les phrases suivantes, conjuguer le verbe à l'imparfait ou / au passé simple :

76.   Ce jour-là, je me … (promener) dans les rues de Manhattan :
   A.   promenais
   B.   promenai
   C.   promenait

77.   Lorsque Paul … (arriver), j'étais dans la cuisine :
   A.   arrivait
   B.   arriva
   C.   arrivât

78.   Il … (croire) que j'étais en vacances :
   A.   crut
   B.   cru
   C.   croyait

79.   Je … (vivre) depuis ma naissance à Paris lorsque mon père … (décider) de déménager à Bordeaux :
   A.   vivais – décidat
   B.   vivais – décida
   C.   vécus – décida

80.   Habituellement, Jacques … (téléphoner) à sa mère tous les jours. Ce lundi-là il … (oublier) :
   A.   téléphonai – oubliat
   B.   téléphona – oublia
   C.   téléphonait – oublia

81.   J'aurais aimé venir, mais je suis malade. A quel temps le verbe aimer est-il conjugué ?
   A.   Conditionnel
   B.   Futur antérieur
   C.   Passé antérieur

82.   Quand il eut terminé son travail, il regarda la télévision. A quel temps le verbe terminer est-il conjugué ?

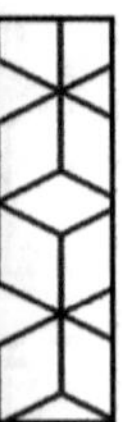

A. Passé antérieur
B. Plus-que-parfait
C. Passé composé

83. Le passé antérieur exprime :
A. Un fait futur considéré déjà comme accompli
B. Un fait antérieur à une autre action écrite au passé simple
C. Un fait qui s'est prolongé dans le passé

84. La formation du passé antérieur est :
A. Être ou avoir au passé simple + participe passé
B. Être ou avoir à l'imparfait + participe passé
C. Être ou avoir au présent + participe passé

85. Quel est le passé antérieur du verbe voir à la 3e personne du singulier ?
A. Il vit
B. Il eut vu
C. Il avait vu

86. Quel est le passé antérieur du verbe faire à la 1ère personne du pluriel ?
A. Nous eûmes fait
B. Nous avions fait
C. Nous fîmes

87. Quel est le passé antérieur du verbe partir à la 3e personne du pluriel ?
A. Ils étaient partis
B. Ils furent partis
C. Ils fussent partis

88. Quel est le passé antérieur du verbe mettre à la 2e personne du singulier :
A. Tu misses
B. Tu avais mis
C. Tu eus mis

89. Lorsqu'il … (maîtriser) les bases du solfège il put commencer à jouer du piano :
    A. maîtrisa
    B. eut maîtrisé
    C. eusse maîtrisé

90. Lorsqu'il … (habiller), il partit :
    A. fut habillé
    B. fit habillé
    C. était habillé

91. Dès que nous … (ranger) nos affaires, nous commençâmes à travailler :
    A. rangeâmes
    B. eûmes rangé
    C. avions rangé

92. Le plus-que-parfait exprime :
    A. Un fait antérieur au moment de l'action dans un récit écrit à l'imparfait
    B. Un fait antérieur au moment de l'action dans un récit écrit au passé simple
    C. Des faits répétés plusieurs fois dans le passé

93. La formation du plus-que-parfait est :
    A. Être ou avoir au passé simple + participe passé
    B. Être ou avoir à l'imparfait + participe passé
    C. Être ou avoir au présent + participe passé

Conjuguer au plus-que-parfait :

94. Quand il … (neiger), on passait le chasse-neige :
    A. avait neigé
    B. eut neigé
    C. neigea

95. Ce matin-là Louis … (se lever) en retard :

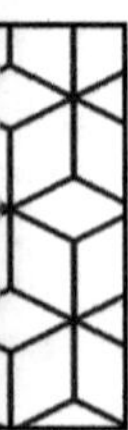

A. se leva
B. se fut levé
C. s'était levé

96. Pendant mon absence, le chien … (dévorer) toute la viande :
A. dévora
B. fut dévoré
C. avait dévoré

97. Parmi les phrases suivantes, indiquer celle dont le verbe **est conjugué** au plus-que-parfait :
A. Nous avions pu attraper le train de 8 heures
B. Elle fut première de sa classe durant tout son primaire
C. Nous aurions voulu partir plus tard

98. Parmi les phrases suivantes, indiquer celle dont le verbe **n'est pas conjugué** au plus-que-parfait :
A. Il n'était pas parti en vacances depuis des mois
B. Bien qu'il ait caché son argent, les voleurs l'ont découvert
C. Le professeur nous avait recommandé de revoir la leçon pour ce matin

99. Quel temps utiliser pour nuancer ou atténuer l'exigence d'un propos ou exprimer le résultat d'une condition ?
A. Le conditionnel
B. Le futur
C. Le passé simple

100. Qu'appelle-t-on le résultat d'une condition ?
A. Le fait est réalisable, mais pas réalisé
B. Le fait est réalisable et réalisé
C. Le fait est irréalisable et donc non réalisé

101. «Je voudrais un kilo de pommes», dans cette phrase, le conditionnel est employé pour :
A. Exprimer le résultat d'une condition
B. Exprimer l'incertitude d'un propos
C. Atténuer l'exigence d'un propos

102. Si tu m'accompagnais, je serais ravi. Dans cette phrase le condi-
tionnel permet d' :
   A. Atténuer l'exigence d'un propos
   B. Exprimer l'incertitude d'un propos
   C. Exprimer le résultat d'une condition

103. Quel est l'intrus ?
   A. Je serais
   B. Tu voudras
   C. Ils peindraient
   D. Elles vaudraient

104. Cette phrase est-elle correcte ? J'aimerai me joindre à vous de-
main :
   A. Oui
   B. Non

105. Laquelle de ces phrases est fausse ?
   A. Je serais peut-être absente demain
   B. Tu devrais changer de vêtement
   C. Je savais que tu comprendrais
   D. Il était certain qu'il deviendrai un grand joueur de football

106. Si tu travailles bien, tu … une surprise :
   A. aurais
   B. aurais eu
   C. auras
   D. as

107. Si tu avais mieux travaillé à l'école, tu … fait de grandes études :
   A. aurai
   B. aurais
   C. auras
   D. serais

108. J'achèterais une maison au bord de la mer, si … beaucoup d'argent :
   A. j'avais eu

B. j'avais
C. j'aurais
D. j'aurai

109. Je ne … pas, même si … milliardaire :
A. changerait – je suis
B. changerais – j'étais
C. changeais – j'étais

110. Laquelle de ces voitures … si tu … les moyens ?
A. achetais-tu, aurais
B. aurais-tu achetées, aurais eu
C. aurais-tu achetées, avais eu
D. avais-tu achetées, avais eu

111. Si vous vous … aux règles, vous … pas été renvoyés :
A. étiez pliés, n'aurez
B. étiez pliés, n'auriez
C. êtes pliés, n'êtes
D. plierez, n'auriez

112. Le subjonctif sert à exprimer :
A. Un fait passé
B. Une condition
C. Un fait réel
D. Un doute, une obligation, une possibilité

113. Le subjonctif compte combien de temps ?
A. 6
B. 3
C. 4
D. 2

114. Dans la phrase suivante quelle est la proposition subordonnée ?
Il faut que tu coupes du bois :
A. Il faut
B. Que tu coupes du bois

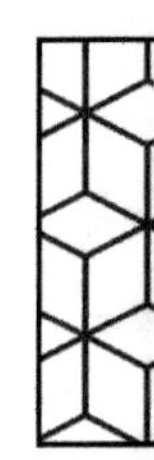

115. Dans la phrase suivante quelle est la proposition subordonnée ?
Dès que j'aurai fini mon petit-déjeuner, j'irai me doucher :
    A. Dès que j'aurai fini mon petit-déjeuner
    B. J'irai me doucher

116. Lorsque le verbe de la proposition subordonnée est conjugué au subjonctif présent, le verbe de la proposition principale est conjugué :
    A. A l'imparfait de l'indicatif
    B. Au présent de l'indicatif
    C. Au présent du subjonctif

117. Lorsque le verbe de la proposition principale est conjugué à un temps du passé ou au conditionnel, le verbe de la proposition subordonné est conjugué :
    A. À l'imparfait de l'indicatif
    B. À l'imparfait du subjonctif
    C. Au présent du subjonctif

118. Quel est le subjonctif présent du verbe être à la 1ère personne du singulier ?
    A. Que je fusse
    B. Que je sois
    C. Que je fus

119. Quel est le subjonctif présent du verbe prendre à la 1ère personne du pluriel ?
    A. Que nous prennions
    B. Que nous prenions
    C. Que nous prissions

120. Quel est le subjonctif présent du verbe finir à la 2e personne du singulier ?
    A. Que tu finisses
    B. Que tu finissiez
    C. Que tu aies fini

121. Quel est le subjonctif présent du verbe plaire à la 1ère personne du singulier ?
   A. Que je plus
   B. Que je plaise
   C. Que je plusse

122. Quel est le subjonctif présent du verbe pouvoir à la 2e personne du singulier ?
   A. Que tu pusses
   B. Que tu puisses
   C. Que tu eusses pu

123. Quel est le subjonctif présent du verbe aller à la 3e personne du pluriel ?
   A. Qu'ils aillent
   B. Qu'ils allassent
   C. Qu'ils allèrent

124. Quel est le subjonctif présent du verbe sentir à la 1ère personne du singulier ?
   A. Que je sentisse
   B. Que je sente
   C. Que je sentis

125. Quel est le subjonctif présent du verbe pleuvoir à la 3e personne du singulier ?
   A. Qu'il plût
   B. Qu'il pleuve
   C. Qu'il plut

126. Quel est le subjonctif présent du verbe vivre à la 1ère personne du pluriel ?
   A. Que nous vécussions
   B. Que nous vivions
   C. Que nous vivons

127. Le subjonctif passé du verbe finir à la 1ère personne du singulier est :

A. Que je finisse
B. Que j'eusse fini
C. Que j'aie fini

128. Le subjonctif passé du verbe voir à la 3ᵉ personne du pluriel, est :
A. Qu'ils voient
B. Qu'ils aient vu
C. Qu'ils vissent

129. Le subjonctif plus-que-parfait du verbe prendre à la 2ᵉ personne du singulier, est :
A. Que tu prisses
B. Que tu aies pris
C. Que tu eusses pris

130. Le subjonctif passé du verbe vaincre à la 3ᵉ personne du singulier, est :
A. Qu'il vainque
B. Qu'il ait vaincu
C. Qu'il eût vaincu

131. Le subjonctif imparfait du verbe être à la 3ᵉ personne du pluriel, est :
A. Qu'ils fussent
B. Qu'ils soient
C. Qu'ils aient été

132. Le subjonctif imparfait du verbe rompre à la 2ᵉ personne du pluriel, est :
A. Que vous rompiez
B. Que vous eussiez rompu
C. Que vous rompissiez

Compléter les phrases suivantes avec le temps qu'il convient :

133. Il ne croyait pas qu'ils ... (être, subjonctif passé) si attentifs :
A. étaient
B. fussent

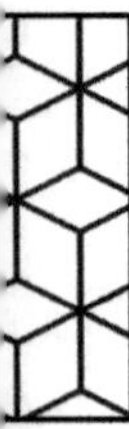

C. soient

134. Quoi que tu ... (pouvoir, subjonctif passé) dire, je t'aime toujours :
   A. pusses
   B. puisses
   C. tu aies pu

135. Bien que je leur ... (envoyer, subjonctif passé) la lettre samedi, ils ne l'ont pas reçu :
   A. envoyasse
   B. aie envoyé
   C. eusse envoyé

136. Sophie veut qu'ils ... (attendre, subjonctif présent) la fin du spectacle avant de partir :
   A. attendent
   B. aient attendu
   C. attendissent

137. Croyez-vous que nous ... (oublier, subjonctif passé) ce rendez-vous ?
   A. oubliions
   B. oubliassions
   C. ayons oublié

138. Quel est l'intrus ?
   A. Il faut que j'essuies les meubles
   B. Il faut que nous nettoyions la table
   C. Il faut que tu sois attentif
   D. Il faut que vous finissiez vos devoirs avant ce soir

139. Que cet enfant ... un danger est inadmissible :
   A. court
   B. courre
   C. coure

140. Il lui a montré une robe qu'elle ... immédiatement :

A. voulu
B. voulut
C. voulût

141. Je redoutais qu'il n' ... point :
A. arriva
B. arrivât
C. arrivat

142.   La valeur d'un temps renseigne sur :
A. La manière dont l'action est envisagée
B. Le nombre de temps utilisés dans un récit
C. La période dans laquelle le récit se déroule

143. Le présent qui exprime quelque chose qui est toujours vrai est :
A. Le présent de narration
B. Le présent de vérité générale
C. Le présent d'énonciation
D. Le présent d'habitude

144. Le présent de narration est :
A. Celui qui exprime une action se situant dans un passé ou un futur récent
B. Celui qui rapporte au présent des actions passées
C. Celui qui exprime un fait qui correspond au moment où il est exprimé

145. Quel temps est utilisé pour exprimer des actions secondaires, l'arrière-plan du récit :
A. Le passé simple
B. Le présent
C. L'imparfait

146. Quel est l'intrus ?
A. L'imparfait duratif
B. L'imparfait de narration
C. L'imparfait d'habitude

    D. L'imparfait descriptif

147. Il sert à exprimer une action dont la durée n'est pas définie :
    A. L'imparfait descriptif
    B. L'imparfait duratif
    C. L'imparfait itératif

148. Le futur peut être temporel ou injonctif :
    A. Vrai
    B. Faux

149. Chaque temps composé exprime une antériorité par rapport au temps simple qui lui correspond :
    A. Vrai
    B. Faux

150. Un fait antérieur à un événement exprimé au passé simple est conjugué :
    A. Au conditionnel
    B. Au passé antérieur
    C. Au plus-que-parfait

151. Un fait antérieur au moment de l'action dans un récit à l'imparfait est conjugué :
    A. Au conditionnel
    B. Au passé antérieur
    C. Au plus-que-parfait

152. La valeur de futur dans le passé, est une valeur :
    A. De l'imparfait
    B. Du présent
    C. Du conditionnel
    D. Du passé –simple

153. Il exprime des faits répétés plusieurs fois dans le passé :
    A. L'imparfait de second plan
    B. L'imparfait descriptif

C. L'imparfait d'habitude

Quelle est la valeur des temps dans les phrases suivantes :

154. En 1492, Christophe Colomb découvre l'Amérique :
   A. Présent d'énonciation
   B. Présent de narration
   C. Présent exprimant un passé proche

155. La veille, il avait raté son bus :
   A. Plus-que-parfait d'antériorité
   B. Passé antérieur
   C. Passé composé d'antériorité

156. Tous les matins, je vais au lycée en vélo :
   A. Présent d'habitude
   B. Présent de narration
   C. Présent d'énonciation

157. En ce moment, je révise pour le brevet :
   A. Présent de narration
   B. Présent d'énonciation
   C. Présent de vérité générale

158. Il n'aimait pas qu'on lui caresse la main, cela l'irritait :
   A. Imparfait descriptif
   B. Imparfait duratif
   C. Imparfait itératif (d'habitude)

159. Ses longs cheveux caressaient ses épaules nues :
   A. Imparfait descriptif
   B. Imparfait duratif
   C. Imparfait itératif

160. Il a dit que tu viendrais me voir aujourd'hui :
   A. Imparfait duratif
   B. Le futur dans le passé
   C. Modal

161. Cela fait des semaines qu'il pleut :
   A. Présent duratif
   B. Présent d'énonciation
   C. Présent de narration

162. J'arrive tout juste du travail :
   A. Présent pour le futur proche
   B. Présent pour le passé récent
   C. Présent d'énonciation

163. Il arrive dans 10 minutes :
   A. Présent pour le futur proche
   B. Présent pour le passé récent
   C. Présent de narration

164. Il marche dans la rue :
   A. Présent de narration
   B. Présent d'énonciation
   C. Présent de vérité générale

165. Chaque lundi, elle refusait de se lever :
   A. Imparfait de second plan
   B. Imparfait descriptif
   C. Imparfait itératif (d'habitude)

166. Pendant qu'ils dormaient, il sortit :
   A. Imparfait descriptif
   B. Imparfait de second plan
   C. Imparfait d'habitude

167. Tu viendras me voir à la fin :
   A. Futur injonctif
   B. Futur temporel
   C. Futur du passé

168. Pierre lisait le journal au petit-déjeuner :
   A. Imparfait d'habitude
   B. Imparfait descriptif

C. Imparfait de second plan

169. «Le matin du 16 avril, le docteur Bernard Rieux sortit de son cabinet et buta sur un rat mort, au milieu du palier.» A. Camus :
A. Le passé simple de premier plan
B. Le passé simple d'action secondaire
C. Le passé simple descriptif

170. «J'étais adolescent quand j'en ai pris conscience : papa avait eu une vie avant nous. Il avait vécu avec une beauté nordique (…) puis s'était marié avec une autre femme.» E. Fottorino.
A. Le passé simple d'action secondaire
B. Plus-que-parfait d'antériorité
C. Imparfait d'habitude

171. «On avait trouvé des morsures de poudre sur sa main gauche blessée, on l'avait condamnée à mort.» S. Japrisot.
A. Plus-que-parfait d'antériorité
B. Le passé simple d'action secondaire
C. Le passé antérieur

Réécrire les phrases suivantes au temps du récit au passé :

172. Elle me **confesse** qu'hier elle **a perdu** mon bracelet, qu'elle **est** en train de le chercher et qu'au pire, elle m'en **rachètera** un autre cet après-midi :
A. Confessait – avait perdu – étais – rachèterais
B. Confessait – avait perdu – était – rachèterait
C. Confessai – avait perdue – était – rachèterait

173. Elle **sait** que je **partirai** et qu'elle ne **pourra** pas empêcher mon départ, que rien ne **pourra** l'empêcher ; sans doute l'**a-t-elle compris** dès que nous **sommes venus** à elle :
A. Sût – partirais – pourrait – pourrait – avait-elle compris – étions venus
B. Savait – serai parti – aurait pas pu – aurait pu – aurait-elle compris – serions venus

C. Savait – partirais – pourrait – pourrait – avait-elle compris – étions venus

174. Parmi ces modes lequel n'est pas personnel ?
   A. L'indicatif
   B. Le subjonctif
   C. L'infinitif
   D. L'impératif

175. Combien il y a-t-il de modes impersonnels ?
   A. 2
   B. 3
   C. 4

Dans les phrases suivantes, indiquer le mode des verbes mis en gras :

176. Je me suis étouffée en **mangeant** trop vite :
   A. Gérondif
   B. Participe présent
   C. Participe passé

177. Le chat **ronronnant** près du feu dresse l'oreille en **entendant** la porte s'ouvrir :
   A. Gérondif – gérondif
   B. Participe présent – gérondif
   C. Participe présent – participe présent

178. Le mode du réel est exprimé grâce à l'emploi :
   A. Du subjonctif
   B. De l'indicatif
   C. De l'impératif

179. Le mode du virtuel est exprimé par l'emploi :
   A. De l'indicatif
   B. Du subjonctif
   C. Du conditionnel

180. L'impératif est le mode :

A. De l'injonction
B. De l'hypothèse
C. Du virtuel

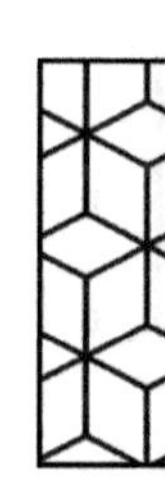

181. La correspondance entre le temps utilisé dans la proposition principale et ce qu'exprime la proposition subordonnée s'appelle :
A. La valeur des temps
B. La concordance des temps
C. L'antériorité des temps

182. Si le verbe de la proposition principale est au présent ou au futur alors l'antériorité s'exprime :
A. Au présent
B. Au passé
C. Au futur

183. Si le verbe de la proposition principale est au passé simple ou à l'imparfait alors la postériorité s'exprime :
A. Au plus-que-parfait
B. Au conditionnel
C. Au passé simple

184. Si le verbe de la proposition principale est au passé simple ou à l'imparfait alors l'antériorité s'exprime :
A. Au présent
B. Au plus-que-parfait
C. Au passé composé

185. Si le verbe de la proposition principale est au présent ou au futur alors la simultanéité s'exprime :
A. Au futur
B. Au présent
C. Au passé composé

186. Si le verbe de la proposition principale est au présent ou au futur alors la postériorité s'exprime :
A. Au futur

B. Au présent

C. Au passé composé

187. Si le verbe de la proposition principale est au passé simple ou à l'imparfait alors la simultanéité s'exprime :

A. Au plus-que-parfait

B. Au conditionnel

C. Au passé simple

Mettre à l'imparfait les verbes en gras et faire les changements qui s'imposent :

188. Il ne sait pas que tu seras ici ce matin :

A. Savait – serais

B. Savait – aurais été

C. Savait – étais

189. Tu affirmes que tout s'est bien déroulé :

A. Affirmais – se serait

B. Affirmais – se fût

C. Affirmais – était

190. Si mon roman est bon, personne ne le critiquera :

A. Avait été – aurait critiqué

B. Était – critiquerait

C. Fut – critiqua

Compléter les phrases suivantes en conjuguant le verbe au temps qu'il convient :

191. Chloé pense que Vincent ... (être) mort :

A. sera

B. était

C. est

192. Elle se demandait comment ... (être) le monde quand elle ... (être) grande :

A. sera – sera

   B.   serait – serait
   C.   était – était

193.   Je me méfiais parce que je ... (savoir) que les marches devien-
        draient glissantes quand il ... (neiger). Or il avait neigé :
   A.   savais – neigerait
   B.   sais – neige
   C.   savais – aurait neigé

194.   J'imaginais souvent comment je lui ... (parler), et mon discours
        changeait au fil des jours :
   A.   avais parlé
   B.   parlerais
   C.   parlais

195.   Bien qu'il ... (dire) trop souvent n'importe quoi et que ... (être)
        toujours pour qu'on ... (faire) attention à lui, Il est très gentil :
   A.   dit – c'est – fait
   B.   dise – ce soit – fasse
   C.   disait – c'était – fasse

196.   «Il dit que ses douleurs d'entrailles ... (continuer) toujours en-
        core, et il me ... (paraître) bien triste.» V. Van Gogh :
   A.   ont continué – parut
   B.   continuent – paraît
   C.   continuaient – paraissait

197.   «Après un autre moment de silence, elle a murmuré que je ...
        (être) bizarre, qu'elle m'... (aimer) sans doute à cause de cela,
        mais que peut-être un jour je la ... (dégoûter) pour les mêmes
        raisons.» A. Camus :
   A.   suis – aime – dégoûterai
   B.   étais – aimait – dégoûterais
   C.   fus – aima – dégoûtai

198.   Un verbe est transitif direct lorsqu'il :
   A.   Introduit un COI

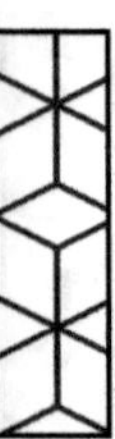

   B. Introduit un COD
   C. Introduit un attribut du sujet

199. Paul a assisté à ma répétition :
   A. Le verbe est transitif direct
   B. Le verbe est transitif indirect
   C. Le verbe est intransitif

200. Les verbes intransitifs ne peuvent avoir de complément d'objet :
   A. Vrai
   B. Faux
   C. Cela dépend

201. Quel est l'intrus :
   A. Aller
   B. Partir
   C. Venir
   D. Aimer
   E. Être

202. Un verbe peut-il être transitif direct et transitif indirect ?
   A. Oui
   B. Non

203. Les verbes attributifs sont toujours suivis :
   A. D'un COD
   B. D'un attribut du sujet
   C. D'un COI
   D. D'un COS

204. «Je **dîne** vite, puis j'**essaye** de lire ; mais je ne **comprends** pas les mots ; je **distingue** à peine les lettres.» Guy de Maupassant. Les verbes soulignés sont-ils transitifs ou intransitifs ?
   A. Intransitif, transitif, transitif, intransitif
   B. Transitif, transitif, intransitif, transitif
   C. Intransitif, transitif, transitif, transitif

205. Lorsque le sujet d'un verbe est celui qui accomplit l'action, on dit qu'il est employé à la forme :
   A. Passive
   B. Active
   C. Fautive

Indiquer si les phrases sont conjuguées au passé composé de la voix active ou à l'indicatif présent de la voix passive :

206. L'oiseau est chassé par le chat :
   A. Passé composé de la voix active
   B. Indicatif présent de la voix passive

207. J'espère que tu as installé les assiettes comme il faut :
   A. Passé composé de la voix active
   B. Présent de la voix passive

208. Il nous a retrouvés pour le dessert :
   A. Présent de la voix passive
   B. Passé composé de la vois active

209. La boutique s'est ouverte de l'autre côté du boulevard :
   A. Passé composé de la voix active
   B. Présent de la voix passive

Réécriture à la voix passive. Quelles sont les bonnes réponses :

210. Les vaches qui passent nous observent :
   A. Les vaches qui passent nous ont observés
   B. Nous sommes observés par les vaches qui passent
   C. Les vaches qui sont passées nous ont observés

211. Anaïs emmène ses animaux chez le vétérinaire :
   A. Anaïs a emmené ses animaux chez le vétérinaire
   B. Ses animaux sont amenés chez le vétérinaire par Anaïs
   C. Le vétérinaire a accueilli les animaux d'Anaïs

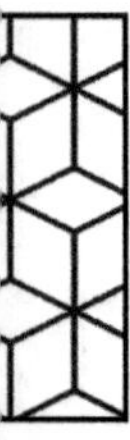

212. Ils ont enfin identifié le responsable du carnage :
   A. Le responsable du carnage a enfin été identifié
   B. Le responsable du carnage a été identifié enfin par eux
   C. Ils auront identifié le responsable du carnage

Réécriture à la voix active. Quelles sont les bonnes réponses ?

213. Les copies doivent être rendues demain par le professeur :
   A. Le professeur doit rendre les copies demain
   B. Le professeur devrait rendre les copies demain
   C. Les copies seront rendues par le professeur demain

214. Les méthodes de gestion ont été améliorées grâce à l'informatique :
   A. L'informatique a amélioré les méthodes de gestion
   B. Les méthodes de gestion s'améliorent grâce à l'informatique
   C. L'informatique s'améliore grâce aux méthodes de gestion

Ces phrases sont-elles à la voix active, passive ou pronominale ?

215. Je suis surprise par ta visite :
   A. Passive
   B. Pronominale
   C. Active

216. Martine est surprise par le bruit de l'alarme :
   A. Active
   B. Passive
   C. Pronominale

217. Les enfants sont heureux d'être en vacances :
   A. Passive
   B. Active
   C. Pronominale

218. Papa s'est réveillé de mauvaise humeur :
   A. Active

    B. Passive
    C. Pronominale

219. Avez-vous écouté cette musique ?
    A. Passive
    B. Active
    C. Pronominale

220. Le français est enseigné à l'école :
    A. Pronominale
    B. Passive
    C. Active

221. Martine s'est trompée de gare :
    A. Active
    B. Passive
    C. Pronominale

222. Quel type de phrase donne une information ou une constatation ?
    A. Interrogative
    B. Déclarative
    C. Exclamative

223. Combien de types de phrases existe-t-il ?
    A. 3
    B. 4
    C. 5

224. Quel type de phrase donne un ordre ou un conseil ?
    A. Interrogative
    B. Déclarative
    C. Injonctive

225. Dans la phrase injonctive, quel mode de verbe est le plus souvent utilisé ?
    A. Le présent de l'indicatif
    B. Le présent du subjonctif

C. L'impératif

226. Quand une phrase injonctive est à la forme négative qu'exprime-t-elle ?
  A. Un conseil
  B. Une interdiction
  C. Une affirmation

227. Une phrase qui exprime les sentiments ou les émotions du locuteur est :
  A. Injonctive
  B. Exclamative
  C. Affirmative

228. «Marlène aime le chocolat», cette phrase est-elle :
  A. Injonctive
  B. Exclamative
  C. Déclarative

229. «Dépêche-toi !», est une phrase :
  A. Déclarative
  B. Interrogative
  C. Injonctive

230. Une phrase dans laquelle aucun élément n'est mis en valeur est :
  A. De forme passive
  B. De forme neutre
  C. De forme emphatique

231. Qu'est-ce qu'une phrase de forme emphatique ?
  A. Une phrase qui renverse l'action en donnant la priorité à l'objet
  B. Une phrase qui met l'accent sur un des éléments de l'action
  C. Une phrase qui s'oppose à la phrase déclarative

232. «Il se passe des choses étranges», cette phrase est :
  A. De type déclarative à la forme négative

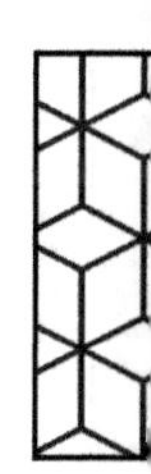

   B. De type injonctive à la forme emphatique
   C. De type déclarative à la forme impersonnelle

233. «C'est à six heures que débute la séance», cette phrase est :
   A. De type exclamative à la forme affirmative
   B. De type déclarative à la forme emphatique
   C. De type injonctive à la forme impersonnelle

234. Réécrire la phrase «Un chat passe régulièrement chez moi» à la forme impersonnelle :
   A. Il passe régulièrement un chat chez moi
   B. C'est chez moi que passe régulièrement un chat
   C. Un chat passe rarement chez moi

235. «Ne peux-tu pas être aimable ?», cette phrase est :
   A. Déclarative – négative
   B. Interro – négative
   C. Injonctive

236. «Il vient avec nous, ton frère ?», est à la forme :
   A. Passive
   B. Neutre
   C. Emphatique

237. «J'irai au cinéma demain soir», est une phrase :
   A. Déclarative – emphatique
   B. Injonctive – neutre
   C. Déclarative – neutre

238. «En été, la rue est remplie de touristes», est à la forme :
   A. Active
   B. Passive
   C. Impersonnelle

239. Réécrire à la forme passive la phrase «La pièce a été jouée par deux comédiens» :
   A. La pièce fut jouée par deux comédiens

B. Deux comédiens ont joué la pièce

C. Deux comédiens, et la pièce a été jouée !

240. Une phrase qui ne contient aucun verbe est une phrase :
  A. Simple
  B. Nominale
  C. Complexe

241. Une phrase simple ne contient qu'un seul verbe conjugué :
  A. Vrai
  B. Faux

242. Une phrase complexe peut contenir :
  A. Un verbe
  B. Seulement 2 verbes
  C. Plusieurs verbes et propositions

243. Dans une phrase complexe, deux propositions séparées par un signe de ponctuation sont :
  A. Coordonnées
  B. Juxtaposées
  C. Complétives

244. Une proposition subordonnée ne peut exister seule :
  A. Vrai
  B. Faux

245. Une proposition subordonnée relative complète :
  A. Un nom
  B. Un verbe
  C. Une phrase

246. Une proposition subordonnée complétive complète :
  A. Une phrase
  B. Un verbe
  C. Une autre subordonnée

247. Une proposition subordonnée circonstancielle complète :

A. Un verbe
B. Une phrase
C. Un pronom relatif

248. Elle complète un verbe dont elle est complément d'objet et s'introduit par un mot interrogatif (qui, si, quel, où, …) :
A. La proposition subordonnée interrogative
B. La proposition subordonnée complétive
C. La proposition subordonnée circonstancielle

249. «Les personnes que j'ai interrogées», est-ce :
A. Une proposition subordonnée relative
B. Une proposition subordonnée complétive
C. Une proposition subordonnée circonstancielle

250. «Elle m'a téléphoné dès qu'elle a eu ses résultats», est-ce :
A. Une proposition subordonnée relative
B. Une proposition subordonnée complétive
C. Une proposition subordonnée circonstancielle

251. «Elle ignore comment il va», est-ce :
A. Une proposition subordonnée circonstancielle
B. Une proposition subordonnée complétive
C. Une proposition subordonnée interrogative

252. «Elle n'apprécie pas les exercices que nous avons faits hier», est-ce :
A. Une proposition subordonnée relative
B. Une proposition subordonnée complétive
C. Une proposition subordonnée circonstancielle

253. Je ne sais pas si elle vient ou quand elle sera là :
A. Subordonnée relative – subordonnée circonstancielle
B. Subordonnée interrogative – subordonnée interrogative
C. Subordonnée interrogative – subordonnée circonstancielle

254. Quand je l'ai rencontré, il m'a semblé qu'il était très fatigué :

A. Subordonnée relative – subordonnée complétive
B. Subordonnée circonstancielle – subordonnée complétive
C. Subordonnée circonstancielle – subordonnée relative

255. Pendant mon entretien, qui m'a mis mal à l'aise, il m'a demandé si j'accepterais de dîner avec lui :
A. Subordonnée relative – subordonnée complétive
B. Subordonnée circonstancielle – subordonnée complétive
C. Subordonnée relative – subordonnée interrogative

256. Trouver l'intrus :
A. Grâce à
B. Parce que
C. Si bien que
D. Puisque

257. Au point que, de sorte que, de façon que, si bien que... indiquent la présence d'une subordonnée circonstancielle :
A. De but
B. De cause
C. De condition
D. De conséquence

Dans les phrases suivantes, donner la fonction des propositions mises en évidence :

258. Je travaille dur **pour obtenir mon brevet** :
A. Complément circonstanciel de cause
B. Complément circonstanciel de but
C. Complément circonstanciel de temps
D. Complément circonstanciel de concession

259. Je rentre vite **avant qu'il ne pleuve** :
A. CC de cause
B. CC de but
C. CC de temps
D. CC de concession

260. Nous étions si fatigués **que nous nous sommes endormis** immédiatement :
    A. CC de cause
    B. CC de temps
    C. CC de conséquence
    D. CC de but

261. Elle marche **comme une vieille dame** :
    A. CC de comparaison
    B. CC de cause
    C. CC de conséquence
    D. CC de concession

262. «Une effroyable détonation éclata sur la barricade. Le drapeau rouge tomba. La décharge avait été si violente et si dense qu'elle en avait coupé la hampe.» V. Hugo. Combien cette phrase comporte t-elle de compléments circonstanciels ?
    A. 2
    B. 3
    C. 4

263. «Cette fois, Agaguk appela Iriook pour qu'elle vînt à sa rescousse et l'aidât à tirer le mammifère sur la glace.» Y. Thériault. La subordonnée circonstancielle mise en gras est–elle :
    A. De cause
    B. De but
    C. De conséquence

264. «Pour se nourrir, ils n'ont guère que du pain moisi et des oignons sauvages. Jamais de vin, jamais de viande, parce que la viande et le vin coûtent cher et qu'ils ne gagnent que cinq cents francs par an.» A. Daudet. Combien cette phrase comporte t-elle de compléments circonstanciels ?
    A. 1
    B. 2
    C. 3

Orthographe

265. Un gouverneur, une … :
   A. gouverneure
   B. gouverneuse
   C. gouvernante

266. Un entraîneur, une … :
   A. entraîneur
   B. entraîneure
   C. entraîneuse

267. Quel est l'intrus ?
   A. Une députée
   B. Une mairesse
   C. Une conseille
   D. Une préfète

268. Un pompier, une … :
   A. pompiste
   B. pompière
   C. pompier

269. Un gendarme, une … :
   A. gendarme
   B. gendarmette
   C. gendarmière

270. Un colonel, une … :
   A. colonel
   B. colonelle
   C. colonele

271. Le demandeur, la … :
   A. demandeuse
   B. demanderesse
   C. demandeure

Orthographe

272. Un bœuf, une … :
    A. bovine
    B. vache
    C. brebis

273. Un bouc, une … :
    A. brebis
    B. chèvre
    C. cabri

274. Un crapaud, une … :
    A. crapaude
    B. têtard
    C. crapelette

275. Un daim, une … :
    A. biche
    B. faon
    C. daine

276. Un lièvre, une … :
    A. lièvre
    B. levrette
    C. hase

277. Un cerf, une … :
    A. cerf
    B. faon
    C. biche

278. Parmi ces mots lequel n'est pas du genre masculin ?
    A. Pétale
    B. Intrus
    C. Oasis
    D. Tentacule

279. Parmi ces mots lequel n'est pas du genre masculin ?

Orthographe

A. Haltère
B. Orbite
C. Entracte
D. Armistice

280. Parmi ces mots lequel n'est pas du genre féminin ?
A. Horaire
B. Apostrophe
C. Réglisse
D. Acné

281. Quel est l'intrus ?
A. Magie
B. Féerie
C. Merveille
D. Splendide

282. Dans les tragédies, les héros sont soumis à de lourds … :
A. dilemmes
B. dilemnes
C. dilèmes

283. Hector a eu un grave accident, miraculeusement, il s'en est sorti … :
A. indemme
B. indemne
C. indème

284. … de venir vous rendre visite :
A. Je me permet
B. Je me permets
C. Je me permais

285. … des devoirs pour demain ?
A. Y a t-il
B. Y-a-t-il
C. Y a-t-il

286. Je suis furieuse la … internet est vraiment très mauvaise :
    A. connexion
    B. connection
    C. conexion

287. Je suis rassurée, le médecin a émis un bon … :
    A. diagnostic
    B. diagnostique
    C. diagnostick

288. Il a obtenu de mauvaises notes, … pour lui :
    A. tant pis
    B. tampis
    C. tanpis

289. En … d'innovation, la France a beaucoup de progrès à faire :
    A. termes
    B. terme
    C. thermes

290. J'ai mis un … à cette situation qui ne s'améliorait pas :
    A. termes
    B. terme
    C. thermes

291. Quel est l'intrus ?
    A. Finir
    B. Grandir
    C. Partir
    D. Choisir

292. Je ne crois pas qu'il ait … ses amis :
    A. déçu
    B. déçus

293. Voici les photos de nos vacances que j'ai … :
    A. adoré

B. adorées
C. adorés

294. Quelle robe as-tu … ?
A. préféré
B. préférée

295. Ces deux vestes, je les ai … toute seule :
A. cousu
B. cousues
C. cousue

296. Ma robe … (écru) est … (déchiré) :
A. écrue – déchirée
B. écru – déchirée
C. écru – déchiré

297. La plupart des élèves sont … (issu) de milieux défavorisés :
A. issu
B. issus
C. issue

298. Les poires que j'ai … (acheter) hier, sont délicieuses :
A. acheté
B. achetées
C. achetés

299. N'oublie pas de remercier les personnes que nous avons… :
A. rencontré
B. rencontrées
C. rencontrée

300. Les avez-vous tous …, les acteurs ?
A. aimés
B. aimé

301. Toutes les bougies que j'ai … sont désormais éteintes :

    A. allumé
    B. allumées
    C. allumée

302. La femme qui a ... le débat était remarquable :
    A. entamé
    B. entamée

303. Parmi tes copines, laquelle as-tu ... ?
    A. invité
    B. invitées
    C. invitée

304. Quels parfums de glace as-tu ... ?
    A. choisi
    B. choisis

305. Elle a longtemps ... à Paris avant de déménager :
    A. vécu
    B. vécue

306. Les enfants que j'ai ... crier semblaient terrorisés :
    A. entendue
    B. entendus
    C. entendu

307. Cette maison m'a ... 100 000 euros :
    A. coûté
    B. coûtée

308. Combien de chaussures a-t-elle ... cette année ?
    A. achetée
    B. acheté
    C. achetées

309. J'ai vu un film et une série ... :
    A. intéressants

   B. intéressantes
   C. intéressans

310. J'adore les romans... :
   A. américain
   B. américains

311. Les fruits qui ont été ... sont trop mûrs :
   A. cueilli
   B. cueillis
   C. cueillies

312. Les pommes ... cette année sont délicieuses :
   A. récoltées
   B. récolté
   C. récoltés

313. J'ai adoré les moments que nous avons ... ensemble :
   A. passé
   B. passées
   C. passés

Compléter cet extrait *Des Douze Pendules de Théodule* d'Alfred Hitchcock :

314. «Les policiers armés de ciseaux à froid, de foreuses, de haches et barres de fer s'étaient ... (lancer) à l'assaut de la pièce ...» :
   A. lancé
   B. lancées
   C. lancés

315. «Puis ils avaient ... (prendre) les livres et les ... (avoir) ... (entasser) sur le plancher ...» :
   A. pris – avaient – entassés
   B. prit – avait – entassé
   C. pris – avaient – entassé

316. «Ils avaient … (décrocher) les tableaux et la grande glace. En-
     suite ils avaient … (défoncer) les murs, méthodiquement …
     (examiner) chaque coin et recoin …» :
  A. décrochés – défoncés – examinés
  B. décroché – défoncé – examinés
  C. décroché – défoncé – examiné

Compléter cet extrait de *Suicide au Parc* de Dino Buzzati :

317. «Hier, une automobile bleue, de type … (couper), que son pro-
     priétaire avait … (laisser) pour un moment devant un bar de la
     rue Moscova s'est … (mettre) en route toute seule …» :
  A. coupée – laissé – mis
  B. coupé – laissée – mise
  C. coupé – laissée – mis

318. «Après avoir … (traverser) le cours Garibaldi puis la rue Mon-
     tello, à une vitesse croissante, la voiture a … (tourner) à gauche,
     puis à droite, en empruntant la rue Elvezia et enfin elle s'est …
     (jeter) contre les vieilles ruines du château des Sforza qui se
     dressent devant le parc …» :
  A. traversé – tourné – jetée
  B. traversée – tournée – jetée
  C. traversée – tourné – jeté

319. «Figurez-vous un petit vieillard … (vêtu) d'une robe de velours
     … (noir) … (serré) autour des reins par un gros cordon de soie.»
     H. de Balzac :
  A. vêtue – noire – serrée
  B. vêtu – noir – serrée
  C. vêtue – noir – serré

320. J'adore les plats … :
  A. sucré-salé
  B. sucrés-salés
  C. sucré-salés

321. Je déteste les haricots verts sauf s'ils sont … :
  A. extra-fins
  B. extra-fin
  C. extras-fins

322. Mon père commence à avoir les cheveux … :
  A. poivres et sels
  B. poivre et sel
  C. poivre et sels

323. Il est important d'acheter des huiles… :
  A. extra-pures
  B. extras-pures
  C. extra-pure

324. Des hommes … ont cassé le pare-brise de notre voiture :
  A. ivre-mort
  B. ivres-morts
  C. ivre-morts

325. Les robes … sont très à la mode cette année :
  A. marron
  B. marrons

326. Des chemisiers … :
  A. cerise
  B. cerises

327. Des robes … :
  A. bleus
  B. bleues
  C. bleue

328. Ses lèvres sont … :
  A. rouge vermeil
  B. rouges vermeilles
  C. rouges vermeil

Orthographe

329.   Hier, elle portait une jupe … :
   A.   kaki
   B.   kakie

330.   Marie et Pierre portaient les mêmes chemises … :
   A.   jaunes pâles
   B.   jaunes pâle
   C.   jaune pâle

331.   Ma mère a posé des moquettes … dans toutes les chambres :
   A.   mauves
   B.   mauve

332.   Pour définir un nombre précis d'êtres ou de choses, on utilise :
   A.   Les adjectifs numéraux ordinaux
   B.   Les adjectifs numéraux cardinaux

333.   Dix, vingt, trois, sept… sont des :
   A.   Adjectifs numéraux cardinaux
   B.   Adjectifs numéraux ordinaux

334.   Quel est l'intrus ?
   A.   Premier
   B.   Troizième
   C.   Cinquième
   D.   Treizième

335.   Les … gagnants ont reçu une place de cinéma :
   A.   vingt-et-unième
   B.   vingts-et-unièmes
   C.   vingt-et-unièmes

336.   Les … recevront un lot de consolation :
   A.   derniers
   B.   dernier

337.   Les … sont admis :

A. cinquantes premiers
B. cinquante premier
C. cinquante premiers

338. L'adjectif numéral mille est toujours invariable :
A. Vrai
B. Faux
C. Ça dépend

339. Mon grand-père est mort à … ans :
A. quatre-vingts
B. quatres-vingts
C. quatre-vingt

340. Ma mère, elle, est morte à … ans :
A. quatre-vingt-deux
B. quatre-vingts-deux
C. quatres-vingt-deux

341. 300 :
A. Trois-cents
B. Trois-cent

342. 410 :
A. Quatre-cents-dix
B. Quatres-cents-dix
C. Quatre-cent-dix

343. 520 :
A. Cinq-cents-vingts
B. Cinq-cent-vingts
C. Cinq-cent-vingt

344. 561 204 :
A. Cinq-cent-soixante-et-un-mil-deux-cents-quatre
B. Cinq-cents-soixante-et-un-mille-deux-cent-quatre
C. Cinq-cent-soixante-et-un-mille-deux-cent-quatre

Orthographe

345. 37 000 :
  A. Trente-sept-mille
  B. Trente-septs-mille
  C. Trente-sept-milles

346. 4 800 :
  A. Quatre-milles-huit-cent
  B. Quatre-mille-huits-cents
  C. Quatre-mille-huit-cents

347. 200 000 :
  A. Deux-cents-milles
  B. Deux-cent-milles
  C. Deux-cents-mille
  D. Deux-cent-mille

348. 1815 :
  A. Mille-huit-cents-quinze
  B. Mille-huit-cent-quinze
  C. Milles-huit-cents-quinze
  D. Mille-huits-cents-quinze

349. 47896 :
  A. Quarante-sept-milles-huit-cents-quatre-vingt-seize
  B. Quarante-sept-mille-huit-cent-quatre-vingt-seize
  C. Quarante-sept-mille-huit-cent-quatre-vingt-seize

350. 6 365 879 :
  A. Six-millions-trois-cents-soixante-cinq-mille-huit-cents-soixante-dix neuf
  B. Six-millions-trois-cent-soixante-cinq-mille-huit-cent-soixante-dix-neuf
  C. Six-million-trois-cent-soixante-cinq-mille-huit-cents-soixante-dix-neuf

351. 1 260 000 000 :
  A. Un-milliard-deux-cent-soixante-millions

B. Un-milliard-deux-cents-soixante-millions
C. Un-milliard-deux-cent-soixante-million

352. Il a cours de tennis tous les … à 16 heures :
A. mercredi
B. mercredis
C. Mercredis

353. Il a cours de tennis tous les … de chaque semaine :
A. mercredi
B. mercredis
C. Mercredi

354. La compétition aura lieu le premier et le troisième … de chaque mois :
A. mercredi
B. mercredis
C. Mercredi

355. Les entraînements sont suspendus tous les … du mois :
A. premier dimanche
B. premiers dimanches
C. premiers Dimanche

356. Toutes ces dernières années, nous avons eu de beaux … :
A. Novembres
B. novembre
C. novembres

357. Nous avons rendez-vous le 14 … :
A. Juillet
B. juillet

358. Je t'attends depuis une heure et … :
A. demie
B. demi

359. Elle a mis deux heures et … pour parcourir 200 km :
   A. demies
   B. demi
   C. demie

360. Il a attendu deux ans et … avant d'être promu :
   A. demi
   B. demie
   C. demies

361. Je t'attends depuis une … –heure :
   A. demie
   B. demi

362. Cette femme est à … voilée :
   A. demie
   B. demi

363. Il a une … –sœur et deux … –frères :
   A. demie – demis
   B. demi – demi
   C. demie – demi

364. Jean et Baptiste jouent au rugby, ce sont des … de mêlée :
   A. demis
   B. demi
   C. demies

365. Je ne bois que du lait … –écrémé :
   A. demis
   B. demi
   C. demie

366. Baptiste a tracé deux … –cercles :
   A. demis
   B. demi

367. Nous sommes allés au pub et nous avons commandé deux ... :
  A. demis
  B. demi
  C. demie

368. L'horloge sonne les ... :
  A. demi
  B. demies
  C. demie

369. Il ... manque juste un peu de sel pour être parfaits :
  A. leur
  B. leurs

370. Je ne comprends pas ... attentes :
  A. leur
  B. leurs

371. Expliquez–... la règle à suivre :
  A. leur
  B. leurs

372. Ils ont acheté ... voiture d'occasion :
  A. leur
  B. leurs

373. Ils sont partis en vacances avec ... sept enfants :
  A. leur
  B. leurs

374. Je ... ai demandé le chemin :
  A. leur
  B. leurs

375. Ils ont rasé ... cheveux pour se débarrasser des poux :
  A. leur
  B. leurs

Orthographe

376. Les enfants ont eu l'air … de recevoir leurs cadeaux :
   A. ravi
   B. ravis

377. Les enfants ont l'air … de ceux qui ont passé une belle journée :
   A. ravi
   B. ravis

378. Elle a l'air … de celle qui vient de rater son examen :
   A. anéanti
   B. anéantie

379. Avec ses lunettes, elle a l'air … d'une maîtresse d'école :
   A. sérieux
   B. sérieuse

380. Les négociations ont l'air bien … :
   A. avancé
   B. avancées
   C. avancés

381. Elle a l'air … :
   A. gentil
   B. gentille
   C. Les deux

382. Parmi ces mots en *–al* lequel ne prend pas *–aux* au pluriel ?
   A. Cheval
   B. Etal
   C. Journal
   D. Végétal

383. Parmi ces mots en *–al* lequel ne prend pas *–aux* au pluriel ?
   A. Carnaval
   B. Capital
   C. Colossal
   D. Estival

384. Quel est l'intrus ?
  A. Festivals
  B. Chacals
  C. Bocals
  D. Bals

385. Quelle proposition est incorrecte ?
  A. Canal – canaux
  B. Amiral – amiraux
  C. Récital – récitaux
  D. Local – locaux

386. Quelle proposition est fausse ?
  A. Corail – coraux
  B. Eventail – éventaux
  C. Travail – travaux
  D. Email – émaux

387. Parmi ces mots lequel ne prend pas de –x au pluriel ?
  A. Ecrou
  B. Bijou
  C. Caillou
  D. Genou

388. Quel est l'intrus ?
  A. Hiboux
  B. Joujoux
  C. Bijoux
  D. Chouchoux

389. Parmi ces mots lequel prend un –x au pluriel ?
  A. Caillou
  B. Doudou
  C. Tabou
  D. Verrou

390. Quel est l'adverbe formé avec le mot *patience* ?

A. Patiemment
B. Patiament
C. Patiamment
D. Patiement

391. A la forme adverbiale l'adjectif *plaisant* donne :
A. Plaisantement
B. Plaisantemment
C. Plaisamment
D. Plaisantammant

392. Donner le nom en *–ent* dérivé du verbe *châtier* :
A. Châtierement
B. Châtiment
C. Châtiement
D. Châtiamment

393. Quel est l'adverbe de *gai* ?
A. Gaiement
B. Gaiment
C. Gaimant

394. Quel est l'adverbe de *conséquent* ?
A. Conséquemment
B. Conséquament
C. Conséquamment
D. Conséquement

395. L'adverbe du mot *ardent* est :
A. Ardament
B. Ardemment
C. Ardamment
D. Ardement

396. Le mot *profondément* est un adjectif :
A. Vrai
B. Faux
C. Ça dépend

397. Quel est l'adverbe du mot *ancien* ?
   A. Anciennement
   B. Ancienement
   C. Ancienemment
   D. Anciennemment

398. Retrouver l'adverbe de l'adjectif *prudent* :
   A. Prudament
   B. Prudamment
   C. Prudemment
   D. Prudement

399. Un adverbe est-il variable ou invariable ?
   A. Variable
   B. Invariable

400. Un adverbe ne peut pas être :
   A. Un verbe
   B. Un mot
   C. Une locution
   D. Un mot terminé par *–ment*

401. L'adverbe de *fréquent* est :
   A. Fréquement
   B. Fréquemment
   C. Fréquament
   D. Fréquamment

402. L'adverbe de *violent* :
   A. Violament
   B. Violamment
   C. Violement
   D. Violemment

403. Donner l'adverbe formé avec le mot *excellent* :
   A. Excellement
   B. Excellemment

C. Excellament
D. Excellamment

404. Quel est l'adverbe de *bruyant* ?
A. Bruyemment
B. Bruyament
C. Bruyamment
D. Bruillament

405. D'une manière *assidue* :
A. Assiduement
B. Assidument
C. Assiduemment
D. Assidumment

406. Quel est l'intrus ?
A. Hurlement
B. Décemment
C. Vaillamment
D. Tristement

407. Le mot *sûrement* est-il un adverbe ou un adjectif ?
A. Un adverbe
B. Un adjectif

408. Quelle liste contient un adverbe mal orthographié ?
A. Différemment, légèrement, impatiemment
B. Absolument, vraiment, étrangement
C. Gentillement, violemment, constamment

409. L'adverbe de *continu* est :
A. Continuellement
B. Continûment
C. Continuement

410. L'adverbe formé avec le mot *dû* est :
A. Duement

    B. Dûement
    C. Dûmment
    D. Dûment

411. Comment nomme-t-on les mots qui ont la même orthographe, mais pas le même sens ?
    A. Des homophones
    B. Des paronymes
    C. Des homonymes

412. Comment appelle-t-on les mots qui ont la même prononciation, mais pas la même signification ?
    A. Des homophones
    B. Des synonymes
    C. Des antonymes

413. C'est, ses, ces, s'est, sais, sait sont des :
    A. Homophones
    B. Antonymes
    C. Synonymes

Compléter les phrases suivantes :

414. Paul … rasé la tête :
    A. sait
    B. ses
    C. c'est
    D. s'est

415. Marlène … endormie très tôt ce soir :
    A. s'est
    B. c'est
    C. sait
    D. sais

416. … une habitude à prendre :
    A. C'est

    B. C'est
    C. Sais
    D. Ses

417. Aurélien … bien sa leçon :
    A. s'est
    B. sait
    C. sais
    D. c'est

418. En classe, Martine a l'habitude d'enrouler … cheveux autour de son doigt :
    A. c'est
    B. ses
    C. s'est
    D. ces

419. … lumières qui illuminent la ville sont magnifiques :
    A. Ses
    B. C'est
    C. Ces
    D. Sait

420. Je t'échange … 2 billes contre un bonbon :
    A. ses
    B. ces
    C. s'est
    D. c'est

421. Je n'ai plus envie d'aller … la plage :
    A. a
    B. à

422. Je dois aller au marché pour t'acheter … manger :
    A. à
    B. a

Orthographe

423. Il ... tellement plu que l'eau s'est infiltré par le toit de la maison :
   A. à
   B. a

424. Révise bien tes leçons sinon tu vas ... à moi :
   A. avoir à faire
   B. avoir affaire

425. Il aura ... à moi s'il n'arrête pas ses bêtises :
   A. à faire
   B. Affaire

426. Je n'ai rien ... aujourd'hui :
   A. affaire
   B. à faire

427. Tu ne te rends pas compte à qui tu as ... :
   A. affaire
   B. à faire

428. Quel est le synonyme de promenade ?
   A. Ballade
   B. Balade

429. Tu étais ... faire tes devoirs ce matin :
   A. censé
   B. sensé
   C. sencé

430. Cette personne est âgée ses propos ne sont pas très ... :
   A. censés
   B. sensés
   C. sensées

431. Cet enfant n'est jamais content il en veut toujours ... :
   A. d'avantage
   B. davantage
   C. d'aventage

432. Il n'y a pas ... à faire ça :
  A. davantage
  B. d'avantage

433. J'ai obtenu un ... à la banque pour acheter mon premier appartement :
  A. empreint
  B. emprunt

434. Son visage était ... de tristesse :
  A. emprunt
  B. empreint

435. Le son des cloches ... dans tout le village :
  A. raisonne
  B. résonne

436. Cette question l'a forcé à ... quelques minutes :
  A. résonner
  B. raisonner

437. Les notes du piano ... dans tout l'immeuble :
  A. raisonnent
  B. raisonne
  C. résonnent
  D. raisonnent

438. Mathilde a tenté de ... son fils :
  A. résonner
  B. raisonner

439. Cette pièce de théâtre est une ... de la société :
  A. satyre
  B. satire

440. Un vieux ... harcelait les jeunes femmes de la ville :
  A. satyre
  B. satire

441. Une œuvre dont l'objectif est de critiquer, ridiculiser son sujet
est une :
A. Satire
B. Satyre

442. … à moi, je partirai en vacances au mois d'août :
A. Quand
B. Quant
C. Qu'en

443. … il est arrivé en fin de soirée tout le monde dormait :
A. Quand
B. Qu'en
C. Quant

444. La séance de cinéma ne débute qu'à deux heures et … :
A. demi
B. demis
C. demie
D. demies

445. Pauline et Martine ont les … livres :
A. même
B. mêmes

446. Ces chaussures sont superbes, je veux les … :
A. même
B. mêmes

447. Nous porterons ces valises … :
A. nous-même
B. nous-mêmes
C. nous même
D. nous mêmes

448. Madame, avez-vous … porté ces valises ?
A. vous-même

    B. vous-mêmes
    C. vous même
    D. vous mêmes

449. J'ai la … voiture que toi :
    A. même
    B. mêmes

450. … les enfants ont le droit de participer :
    A. Même
    B. Mêmes

451. … soient tes soucis, tu dois persévérer :
    A. Quelque
    B. Quelques
    C. Quels que
    D. Quelles que

452. Il a dans sa tirelire … 100 euros :
    A. quelque
    B. quel que
    C. quels que
    D. quelques

453. Je dois cueillir … fleurs pour ma maîtresse :
    A. quelques
    B. quelles que
    C. quelque

454. Je n'accepterai aucun retard … soit la raison :
    A. quelle que
    B. quelque
    C. quel que

455. J'ai reçu un … du médecin ce matin :
    A. appelle
    B. appel
    C. appelles

456. Il faut que tu … Zoé avant ce soir :
   A. appel
   B. appelle
   C. appelles
   D. apèles

457. J'ai enregistré son … sur mon téléphone :
   A. appelles
   B. appel
   C. appelle
   D. apèle

458. La concierge de l'immeuble … la cour tous les matins :
   A. balaie
   B. balai
   C. balaies

459. La sorcière parcourt les airs sur son … volant :
   A. balaie
   B. balai
   C. balais

460. Tristan et Yseult tombèrent amoureux grâce à un … :
   A. philtre
   B. filtre
   C. phyltre

461. Edmond Dantès est le héros du … de Monte-Cristo :
   A. conte
   B. comte
   C. compte

462. Ma mère me lisait chaque soir un … de fées avant de m'endor-
     mir :
   A. compte
   B. comte
   C. conte

463. Lors d'une crevaison, l'utilisation d'un … est nécessaire :
  A. crique
  B. cric
  C. crick

464. La Grèce regorge de magnifiques … aux eaux cristallines :
  A. crics
  B. criques
  C. cricks

465. … tu penses, je suis arrivé à l'heure :
  A. Quoique
  B. Quoi que

466. Cette soirée était formidable, … le repas fut infect :
  A. quoi que
  B. quoique

467. Quelle lettre de l'alphabet ne peut avoir d'accent circonflexe ?
  A. I
  B. A
  C. Y

468. On aperçoit pas de bateaux à l'horizon aujourd'hui :
  A. Phrase correctement orthographiée
  B. Phrase contenant des fautes

469. Quelles sont les nations qui se sont … à la tête des Nations-Unies ?
  A. succédées
  B. succédés
  C. succédé

470. Elles … toute la journée :
  A. se sont promenée
  B. ce sont promenées
  C. se sont promenées
  D. se sont promené

471. Alice et Martin ... les dents après le dîner :
A. se sont lavées
B. se sont lavé
C. se sont lavés

472. Mes parents se sont toujours ... malgré les difficultés :
A. aimé
B. aimés
C. aimées

473. Ils se sont ... des mots d'amour :
A. di
B. dis
C. dit
D. dits

474. Elles se sont ... très brièvement au téléphone :
A. parlé
B. parlées
C. parlés

475. Le proviseur et ma mère se sont ... suite à mon exclusion du cours de français :
A. appelé
B. appelés
C. appellés
D. appellé

476. La directrice et ma mère se sont ... suite à mon exclusion du cours de français :
A. téléphonées
B. téléphonés
C. téléphoné

477. Ils ont pris peur et se sont ... :
A. enfuis
B. enfui
C. enfuies

Orthographe

478. Après avoir menti à sa mère elle s'est … :
A. repenti
B. repentie
C. repentit

479. Alexia s'est … une tisane au gingembre :
A. préparé
B. préparée
C. préparés

480. En parcourant ses photos Christine s'est … de ses vacances en Thaïlande :
A. souvenue
B. souvenues
C. souvenus

481. Géraldine s'est … de sortir sans mon autorisation :
A. permis
B. permise
C. permit

482. A la mort de son fils, Patricia s'est … de chagrin :
A. évanouie
B. évanoui
C. évanouit

483. En achetant un tapis au souk de Marrakech je me suis … avoir :
A. fait
B. faite
C. fais

484. En déballant leurs valises, elles se sont … compte qu'elles avaient oublié leurs pyjamas :
A. rendu
B. rendus
C. rendues

Orthographe

Mettre au pluriel :

485.   Un timbre-poste, des … :
   A.   timbres-postes
   B.   timbre-postes
   C.   timbres-poste
   D.   timbre-poste

486.   Un grand-père, des … :
   A.   grands-pères
   B.   grand-pères
   C.   grands-père
   D.   grand-père

487.   Un coffre-fort, des … :
   A.   coffre-forts
   B.   coffres-forts
   C.   coffres-fort
   D.   coffre-fort

488.   Un garde-manger, des … :
   A.   garde-manger
   B.   gardes-manger
   C.   garde-mangers
   D.   gardes-mangers

489.   Un laissez-passer, des … :
   A.   laissez-passer
   B.   laisses-passés
   C.   laissez-passers
   D.   laissés-passés

490.   Un tête-à-tête, des … :
   A.   têtes-à-têtes
   B.   têtes-à-tête
   C.   tête-à-tête

491. Un pied-à-terre, des … :
    A. pieds-à-terre
    B. pied-à-terre
    C. pied-à-terres
    D. pieds-à-terres

492. Un taille-crayon, des … :
    A. taille-crayons
    B. tailles-crayons
    C. taille-crayon
    D. tailles-crayon

493. Un tout-petit, des … :
    A. tous-petits
    B. tout-petit
    C. tout-petits
    D. tous-petit

494. Un haut-parleur, des … :
    A. haut-parleurs
    B. hauts-parleurs
    C. hauts-parleur
    D. haut-parleur

495. Une sage-femme, des … :
    A. sage-femmes
    B. sages-femmes
    C. sage-femme
    D. sages-femme

496. Un faire-valoir, des … :
    A. faire-valoirs
    B. faires-valoir
    C. faire-valoir

497. Un sourd-muet, des … :
    A. sourds-muet

B. sourd-muet
C. sourds-muets
D. sourd-muets

498. Un rouge-gorge, des … :
A. rouges-gorges
B. rouge-gorges
C. rouges-gorge
D. rouge-gorge

499. Un garde-boue, des … :
A. gardes-boues
B. garde-boues
C. garde-boue
D. gardes-boue

500. Un couvre-lit, des … :
A. couvres-lits
B. couvre-lits
C. couvre-lit
D. couvres-lit

501. Une tragi-comédie, des … :
A. tragis-comédies
B. tragi-comédies
C. tragi-comédie
D. tragis-comédie

502. Un monte-charge, des… :
A. monte-charges
B. montes-charges
C. monte-charge
D. montes-charge

503. Un arc-en ciel, des … :
A. arcs-en-ciels
B. arcs-en-ciel

C. arc-en-ciel
D. arcs-en-ciels

504. Un rez-de-chaussée, des … :
A. rez-de-chaussée
B. rez-de-chaussées

505. Une arrière-grand-mère, des … :
A. arrières-grands-mères
B. arrière-grands-mères
C. arrière-grand-mères

Vocabulaire

506. Comment appelle-t-on la peur des oiseaux ?
  A. L'acrophobie
  B. L'arachnophobie
  C. La zoophobie
  D. L'ornithophobie

507. Qu'est-ce que l'acrophobie ?
  A. La peur des araignées
  B. La peur des animaux
  C. La peur des lieux élevés
  D. La crainte de la lumière

508. Quelle phobie désigne la xénophobie ?
  A. La peur des oiseaux
  B. La crainte de la lumière
  C. L'hostilité envers les étrangers
  D. La peur des animaux

509. Comment nomme-t-on la crainte de la lumière ?
  A. La zoophobie
  B. L'arachnophobie
  C. La photophobie
  D. L'ornithophobie

510. Qu'appelle-t-on une famille de mots ?
  A. Des mots ayant une origine, une racine commune
  B. Des synonymes
  C. Un champ lexical

511. Les mots d'une même famille ont toujours le même radical :
  A. Vrai
  B. Faux

512. Quel est l'intrus ?
  A. Jeter

B. Rejet
C. Jeu
D. Rejeter
E. Jet

513. Quel est l'intrus ?
A. Sauter
B. Sceau
C. Sautiller
D. Sursauter
E. Sauteuse

514. À quel mot cette famille renvoie-t-elle : pédestre, piédestal, piétiner, orthopédique, piéton, bipède ?
A. Pied
B. Peau
C. Pédale
D. Marche

515. Rechercher l'intrus :
A. Populaire
B. Politique
C. Populace
D. Surpopulation
E. Repeupler

516. Repérer l'intrus :
A. Spectateur
B. Inspectrice
C. Spectaculaire
D. Inspirer
E. Aspect

517. Trouver l'intrus :
A. Un autocollant
B. Une colle
C. Un collage

D. Décoller
E. Une encolure

518. Trouver l'intrus :
A. Un maréchal
B. Une marée
C. Un marin
D. La mer
E. Maritime

519. Cette famille de mots : anachronisme - chronomètre - chrono-
logique - chronique, est issue du mot *chronos*, que signifie-t-il ?
A. La montre
B. Le temps
C. Le compte

520. Cette famille de mots : orthophoniste - téléphone - phonétique
- anglophone est issue du mot *phônè*, que signifie-t-il ?
A. Radio
B. Son
C. Voix
D. Oreille

521. La théologie est l'étude :
A. Des reptiles
B. Des substances toxiques
C. De l'univers
D. Des dieux et des religions

522. La terminologie est l'étude :
A. Des civilisations anciennes
B. De la musique et de son histoire
C. Du terme et des dénominations
D. Des organismes vivants

523. Un idéologue est un spécialiste :
A. Des idées, croyances et doctrines

B. Des sociétés humaines
C. Des substances toxiques
D. De la météo

524. Un pomologue étudie :
A. Les grottes
B. Les eaux marines
C. Les arbres avec des fruits à pépins
D. Les reptiles et les amphibiens

525. L'étude des eaux souterraines s'appelle :
A. L'Égyptologie
B. La paléontologie
C. L'écologie
D. L'hydrogéologie

526. L'herpétologie est l'étude :
A. Des êtres vivants dans leur environnement
B. Des organismes vivants
C. Des reptiles et des amphibiens
D. Des insectes

527. Cette liste de mots appartient-elle au même champ lexical ou à la même famille : vent, éventail, paravent, ventilation ?
A. Même champ lexical
B. Même famille

528. Qu'appelle-t-on «les mots-valises» ?
A. Des mots passe-partout
B. Des mots dont l'origine est étrangère
C. Des mots provenant de la fusion de 2 radicaux

529. Terminer cette liste de mots : corpus, corps, corpulence, incorporer ... :
A. Coopérative
B. Corporatif
C. Crépuscule

D. Crapahuter

530. Dans une même famille de mots, je suis l'élément commun qui permet de former tous les mots et qui en définit le sens principal :
A. Le suffixe
B. Le préfixe
C. Le radical

531. Je suis un groupe de lettres placé derrière un radical pour en modifier son sens :
A. Le suffixe
B. Le préfixe
C. Le radical

532. Je suis un groupe de lettres placé devant un radical pour en modifier son sens :
A. Le suffixe
B. Le préfixe
C. Le radical

533. Quel préfixe ajouter au mot aventure pour former un nouveau mot ?
A. In
B. Mal
C. Dés
D. Il
E. Més

534. Quelle proposition indique la superficie dans l'ordre décroissant ?
A. Agglomération - capitale - bourg - hameau - métropole - village - ville
B. Métropole – agglomération - capitale - ville - village - hameau - bourg
C. Métropole – agglomération - capitale - ville - bourg - village - hameau

535. Complète cette liste : Averse – bruine – giboulée – grêle – on-
     dée – nuage – ondée – vapeur – crachin … :
     A. Bourrasque
     B. Brume
     C. Bise
     D. Souffle
     E. Mistral

536. Parmi ces mots lequel ne désigne pas un vent : Mistral – Noroît
     – giboulée – sirocco – ouragan – cyclone – typhon – tramon-
     tane - zéphir ?
     A. Typhon
     B. Sirocco
     C. Cyclone
     D. Giboulée
     E. Zéphir

537. Quelle est la signification de la racine grecque *astr* ?
     A. Grand
     B. Étoile
     C. Chaleur
     D. Lumière

538. Le mot latin *libertas* a donné :
     A. Liberté
     B. Équilibre

539. Quelle est la signification de la racine *hétéro* ?
     A. Identique
     B. Différent
     C. Maladroit

540. La racine *logie* signifie :
     A. Pouvoir
     B. Peuple
     C. Science

541. Le mot peuple vient du grec :
   A. Graphe
   B. Démos
   C. Phile
   D. Chrono

542. Dans les mots orthographe et orthophonie, la racine commune *ortho* signifie :
   A. Droit
   B. Écriture
   C. Science
   D. Livre

543. La racine *phobe* signifie :
   A. Qui adore
   B. Qui déteste
   C. Qui se nourrit

544. Le mot latin *humidus* a donné en français :
   A. Humble
   B. Humide

545. Astronomie, gastronomie, métronome, autonome, proviennent de la racine grecque *nomos*, quelle est sa signification ?
   A. Amour
   B. Loi
   C. Étude

546. Dans les mots: subordonné, substitut, le préfixe *-sub* est utilisé pour signifier :
   A. Au-delà
   B. En dehors de
   C. En avant
   D. En dessous

547. Anarchie, analphabète, anormal… Le préfixe *-an* sert à marquer :

    A. L'approbation
    B. La négation
    C. La différence
    D. L'antériorité

548. Quel suffixe signifie "en dehors", "hors de" ou suggère l'intensité ?
    A. Extra
    B. Ante
    C. Inter
    D. Hypo

549. Quel est le mot dont le préfixe signifie "avant" ?
    A. Surdoser
    B. Monocorde
    C. Prénom
    D. Inutile

550. Comment appelle t-on les mots qui ont la même étymologie, mais qui possèdent des radicaux ou des significations différents, par exemple : hôtel et hôpital ?
    A. Des doublets étymologiques
    B. Des synonymes
    C. Des anaphores
    D. Des doublets syllabiques

551. Quelle est la bonne orthographe ?
    A. Bien sûr
    B. Biensûr
    C. Bien-sûr

552. Trouver l'intrus :
    A. Deviner
    B. Percevoir
    C. Ressentir
    D. Distinguer
    E. Décerner

553. Quel est le mot dont la définition du dictionnaire est la suivante :
«Attribuer, accorder solennellement quelque chose à quelqu'un» ?
- A. Discerner
- B. Décerner
- C. Pactiser

554. Parmi ces mots lequel est un synonyme de *volontairement* ?
- A. À dessein
- B. Par inadvertance
- C. Par mégarde

555. ... de tes résultats, j'ai décidé de te punir :
- A. En vue
- B. Au vu
- C. En vu
- D. Au vue

556. Gabriel s'entraîne ... des championnats de baskets.
- A. en vu
- B. au vue
- C. en vue
- D. au vu

557. Lorsqu'un mot peut avoir plusieurs sens c'est :
- A. La polysémie
- B. L'étymologie
- C. Un paronyme

558. Le sens dénoté d'un mot est :
- A. Celui que l'on trouve dans le dictionnaire
- B. Celui qui dépend du contexte
- C. Celui qui est péjoratif

559. Le sens connoté d'un mot est :
- A. Celui qui est mélioratif
- B. Celui qui dépend du contexte
- C. Celui que l'on trouve dans le dictionnaire

560. «À vos marques, prêts, partez !», dans cette expression le mot "marques" a-t-il un sens ?
    A. Dénoté
    B. Connoté

561. «Ajaccio, une **petite ville** blanche, couchée au bord d'un admirable golfe qu'entourent partout des hautes montagnes.» G. de Maupassant. Quel est le sens connoté du groupe nominal souligné ?
    A. Ville familière où tout le monde se connaît
    B. Ville dont la dimension est inférieure à la moyenne

562. «Ajaccio, une petite ville blanche, **couchée** au bord d'un admirable golfe qu'entourent partout des hautes montagnes.» G. de Maupassant. Quel est le sens dénoté du mot souligné ?
    A. Qui est à l'horizontale
    B. Qui est plongée dans le silence

563. Quel type de langage utilise-t-on quotidiennement ?
    A. Courant
    B. Familier
    C. Soutenu

564. Parmi ces listes de mots, laquelle ne contient que des mots appartenant au langage soutenu ?
    A. Bruit, rigoler, bouffer
    B. Gifle, claque, manger
    C. Vacarme, incriminer, plaisanter

565. «C'est qui qui a pris ma gomme ?», cette phrase relève du langage :
    A. Soutenu
    B. Courant
    C. Familier

566. Réécrire cette phrase : «c'est qui qui a pris ma gomme ?» en langage courant :

    A. Qui m'a subtilisé ma gomme ?
    B. Qui est-ce qui m'a volé ma gomme ?
    C. Qui m'a chouré ma gomme ?

567. "Gosse" appartient au langage familier, quel est son équivalent en langage soutenu ?
    A. Bambin
    B. Enfant
    C. Gamin

568. Quel est l'intrus ?
    A. Super
    B. Roupiller
    C. Godasses
    D. Merveilleux

569. Le mot "chaussures" est-il ?
    A. Familier
    B. Courant
    C. Soutenu

570. Compléter cette phrase afin qu'elle utilise le langage soutenu : «Mon … chaton en voulant … un bout de pain a … le vase de tante Adrienne.» :
    A. chouette – piquer – bousillé
    B. ravissant – dérober – endommagé
    C. joli – voler – abîmé

571. Compléter la phrase suivante en utilisant le langage familier : «Hier je me suis … dans les rues de Paris. Je cherchais la … de mon … C'est … car je suis arrivée très en retard.» :
    A. paumée – baraque – toubib – casse-pieds
    B. perdue – maison – médecin – ennuyeux
    C. égarée – demeure – thérapeute – fâcheux

572. «Dépêche-toi de t'habiller et de te laver les dents ou tu vas encore être en retard à l'école !», cette phrase relève du :

A. Langage familier
B. Langage courant
C. Langage soutenu

573. Transforme la phrase suivante en langage soutenu : «Martine trouve rigolo de raconter des bobards toute la journée.» :
A. Martine trouve marrant de raconter des bêtises toute la journée
B. Martine trouve hilarant de raconter des tromperies toute la journée
C. Martine trouve drôle de raconter des histoires toute la journée

574. Transforme la phrase suivante en langage courant : «Constance s'est planté avec sa caisse.» :
A. Constance a eu un accident de bagnole
B. Constance a eu un accident avec sa voiture
C. Constance a été victime d'un accident avec son automobile

575. Transforme la phrase suivante en langage familier : «Cette personne âgée réside dans la demeure du dernier étage.» :
A. Ce vieux bonhomme habite dans l'appartement du dernier étage
B. Ce croulant crèche dans la baraque du dernier étage
C. Ce vieillard squatte l'appartement du dernier étage

576. Parmi ces listes, laquelle contient un mot appartenant au langage courant ?
A. Rater, louper, profession, toubib, godasses
B. Souliers, choper, buter, dérober, peur
C. Gratouiller, démanger, trucider, las, bouquin

577. Chercher l'intrus :
A. Souliers – chaussures – godasses
B. Trucider – tuer – buter
C. Dérober – voler – piquer
D. Ami –pote – camarade

578. Parmi cette liste de mots quel est l'intrus : travail, peur, pépin, enfant, claque ?
A. Claque
B. Enfant

C. Pépin
D. Peur

579. Quel est le synonyme en langage courant du mot familier "cho-per" :
A. Attraper
B. Saisir
C. Dérober

580. Réécrire la phrase suivante en registre de langue plus soutenu :
«Qu'est-ce qu'y veut le m'sieur ce matin, des tomates ?»
A. Que désirez-vous, Monsieur, ce matin, des tomates ?
B. Qu'est-ce qu'il veut le monsieur ce matin, des tomates ?
C. Que voulez-vous, Monsieur, ce matin, des tomates ?

581. Qu'est-ce que le sens propre d'un mot :
A. Le sens premier d'un mot, le plus courant
B. Le sens le plus correct d'un mot
C. Le sens imagé d'un mot

Dans les phrases suivantes, indiquer si le mot souligné est au sens propre ou au sens figuré :

582. Papa a eu un gros **pépin** sur la route et il sera en retard :
A. Au sens propre
B. Au sens figuré

583. Mon père retourne dans sa ville natale pour y retrouver ses **racines** :
A. Sens propre
B. Sens figuré

584. La poule **couve** ses œufs dans le poulailler :
A. Sens propre
B. Sens figuré

585. Nous avons eu des nouvelles **fraîches** de nos amis partis en voyage :
A. Sens figuré
B. Sens propre

586. L'été, j'adore boire un verre d'eau **fraîche** :
    A. Sens figuré
    B. Sens propre

587. Marc et Zoé **ont attrapé** des papillons :
    A. Sens propre
    B. Sens figuré

588. Chaque hiver **j'attrape** une angine :
    A. Sens figuré
    B. Sens propre

589. Charlotte viendra demain, elle m'a donné **sa parole** :
    A. Sens propre
    B. Sens figuré

590. **Je pris mon courage à deux mains** avant de sauter :
    A. Je m'enfuis
    B. Je me décidai
    C. J'hésitai

591. Oscar est rentré de l'école **les cheveux en bataille** :
    A. Furieux
    B. Énervé
    C. Échevelé

592. Comment appelle t-on les mots qui se ressemblent, dont la pro-
    nonciation est presque identique, mais qui ont des sens diffé-
    rents ?
    A. Des synonymes
    B. Des homonymes
    C. Des paronymes

593. Quelle proposition est un exemple de paronyme ?
    A. Oublier – omettre
    B. Coasser – croasser
    C. Ancre – encre

594. Quelle est la bonne orthographe ?
  A. Inninterrompu
  B. Ininterrompu
  C. Ininterompu

595. Lequel de ces mots est bien orthographié ?
  A. Innombrable
  B. Inombrable
  C. Inonbrable

596. Quel est le contraire de *palpable* ?
  A. Inpalpable
  B. Impalpable

597. La plume a ... le visage d'Alice :
  A. effleuré
  B. affleuré

598. Le président a décidé d'accorder une ... pour les infractions routières :
  A. armistice
  B. amnistie
  C. amnésie

599. Le voleur est entré par ... dans ma maison :
  A. effraction
  B. infraction

600. Le volcan est en ... :
  A. éruption
  B. irruption

601. Johnatan est mort d'... :
  A. inanition
  B. inanité

602. Le cardinal de Fleury était le ... de Louis XV :

Vocabulaire

A. percepteur
B. précepteur

603. Le médecin … des médicaments :
A. prescrit
B. proscrit

604. Cette musique … dans ma tête :
A. raisonne
B. résonne

605. J'ai adressé une lettre à … du président :
A. l'attention
B. l'intention

606. Le cinéma est situé dans … de la rue de Grenelle :
A. la prolongation
B. le prolongement

607. À la sortie des bureaux, il y a une grosse … dans les transports en commun :
A. affluence
B. influence
C. enfluence

608. Alice a regardé le journal télévisé, les informations l'ont … :
A. affligée
B. infligée

609. Je ne trouve plus ma deuxième chaussette, je ne peux plus … avec la première :
A. l'appareiller
B. l'apparier
C. l'appairer

610. Un court récit dont se dégage une leçon morale est :
A. Un épilogue

Vocabulaire

B. Une apologie
C. Un apologue

611. Quel est le synonyme du mot *apologie* ?
A. Le dénigrement
B. L'éloge
C. Le refus

612. J'ai dégusté de délicieuses … de biscuits :
A. brides
B. bribes
C. brades

613. Le cours du dollar a subi une grosse … :
A. dévalorisation
B. dévaluation
C. dénivellation

614. J'ai … une erreur dans son argumentation :
A. décelé
B. descellé
C. désselé

615. Grâce à mon entraînement intensif, j'ai … mes forces :
A. décuplé
B. découplé
C. desculpé

616. Une formule qui énonce une règle de conduite ou une règle morale est :
A. Un dicton
B. Une maxime
C. Un proverbe

617. «L'habit ne fait pas le moine», est :
A. Un dicton
B. Une maxime
C. Un proverbe

Vocabulaire

618. «En avril, ne te découvre pas d'un fil», est :
   A. Un dicton
   B. Une maxime
   C. Un proverbe

619. Sa voix aiguë … du reste de la chorale :
   A. détonne
   B. détone
   C. deitonne

620. Pour la soirée de Victor, je vais … des boissons :
   A. amener
   B. emmener
   C. apporter

621. De la pluie est prévue demain, n'oublie pas d' … ton parapluie :
   A. apporter
   B. amener
   C. emmener

622. Je pars du cinéma et j' … les enfants chez toi :
   A. emmène
   B. amène
   C. apporte

623. Dis-moi ce qui t'… :
   A. amène
   B. emmène
   C. apporte

624. Demain, c'est l'anniversaire de Marguerite je vais … un gâteau :
   A. apporter
   B. amener
   C. emmener
   D. emporter

625. Nous partons à la piscine, n'oublie pas d' … ton maillot :

A. emmener
B. amener
C. apporter
D. emporter

626. Martine est en voyage à Tahiti, elle n'a pas oublié d'... sa caméra :
A. apporter
B. emmener
C. amener
D. emporter

627. Ce n'est pas le moment ... pour lui annoncer la nouvelle :
A. importun
B. opportun

628. Cette personne est désagréable, elle m' ... :
A. opportune
B. importune

629. Lequel de ces mots est un synonyme d'*importun* ?
A. Plaisant
B. Convenable
C. Agaçant

630. Dit-on ?
A. Une conjoncture économique
B. Une conjecture économique

631. Le premier ministre va faire ... :
A. une allocution télévisée
B. une allocation télévisée

632. Quelle est la formulation correcte ?
A. Un serpent venimeux
B. Un serpent vénéneux
C. Un serpent vénémeux

633. La tour de Pise est-elle célèbre pour :
   A. Son inclination
   B. Son inclinaison

634. Les surdoués ont une :
   A. Inclination pour les mathématiques
   B. Inclinaison pour les mathématiques

635. Parmi ces propositions laquelle est correcte :
   A. La collision entre les 2 véhicules a fait 3 morts
   B. La collusion entre les 2 véhicules a fait 3 morts
   C. La coalition entre les 2 véhicules a fait 3 morts

636. La collusion est :
   A. Un accord le plus souvent malhonnête
   B. Un choc violent

637. Dit-on ?
   A. Agonir
   B. Agoniser

638. Complète cette phrase : «Je croyais qu'il fallait lire le premier cha-
   pitre pour lundi, ...»:
   A. au temps pour moi
   B. autant pour moi
   C. haut tend pour moi

639. Les mots "flétrir" et "ternir" sont-ils ?
   A. Des antonymes
   B. Des synonymes
   C. Des paronymes

640. Les mots "saule" et "sole" sont-ils ?
   A. Des homonymes
   B. Des paronymes
   C. Des synonymes

641. "Faible" et "puissant" sont des :
   A. Antonymes
   B. Synonymes
   C. Paronymes

642. "Infesté" et "infecté" sont des :
   A. Paronymes
   B. Antonymes
   C. Synonymes

643. Le synonyme du mot "méprise" est :
   A. Médisance
   B. Errance
   C. Erreur
   D. Vol

644. En chemin … sa maison, Patrick a écrasé un … de terre :
   A. vert - vers
   B. vers - ver
   C. ver - verre
   D. verre - vert

645. Le … de 1929 est une crise boursière qui se déroula aux États-Unis :
   A. crac
   B. krach
   C. crack
   D. craque

646. En me penchant j'ai entendu un … , mon pantalon s'est déchiré :
   A. craque
   B. crack
   C. crac
   D. krach

647. Timothée est un … en mathématiques :

A. crack
B. krach
C. craque
D. crac

648. L'homme serrait dans son poing droit toutes les ... de l'attelage :
A. rennes
B. reines
C. rênes

649. Un ... sur un cheval, tient dans sa main gauche un ... royal et dans sa main droite un ... rempli d'eau :
A. seau – sot – sceau
B. sot – sceau – seau
C. sot – seau – sceau

650. «Pour faire ... : l'été touche à sa fin ; la ... de l'école va bientôt de nouveau résonner de cris et de rires d'enfants qui viennent reprendre les ... . Le ... de tennis, lui, va être déserté. Quant à la chasse à ... , ce n'est de toute façon pas une activité pratiquée dans la région ....» F. Clerfeuil.
A. cour – courre –cours – court – cour
B. court – cours – cours – court – cour
C. court – cour – cours – court – courre

651. Pendant qu'il ... son manteau, dépêche toi ! ... tes chaussures ... n'oublie pas de bien les lacer et de prendre ... clés avant de quitter la maison :
A. mais – mets – met – mes
B. mes – mais – mets – mes
C. met – mets – mais – mes

652. La tempête a provoqué un véritable ... de marée :
A. rat
B. raz
C. ras

653. J'ai essayé de l'appeler en … toute la journée :
   A. vin
   B. vingt
   C. vain
   D. vint

654. Le médecin a pris mon …, il était normal :
   A. pou
   B. Poux
   C. Pouls
   D. Pout

655. … les jours, je rentre … seul de l'école :
   A. Tout – tous
   B. Tous – tout
   C. Tout – tout
   D. Tous – tous

656. Je m'excuse, j'ai … :
   A. tord
   B. tort
   C. tor

657. Je … ma chemise pour l'essorer :
   A. tord
   B. tort
   C. tords

658. Elle a … de ne pas venir avec nous :
   A. tort
   B. tord
   C. tords

659. Mon miroir est ancien, je dois restaurer son … :
   A. teint
   B. thym
   C. tain
   D. tint

660. Avant d'enfourner mon poulet je l'ai garni de … :
    A. tain
    B. teint
    C. thym
    D. tint

661. Alexia se … les cheveux en blond :
    A. thym
    B. teint
    C. tint
    D. teins

662. Effrayée, Nicole me … la main lors du décollage de l'avion :
    A. teint
    B. tint
    C. tain
    D. tins

663. Le carrosse était secoué par les … de la route :
    A. cahots
    B. chaos
    C. K.O.

664. Les élèves ont mis le … dans la classe :
    A. cahot
    B. chaos
    C. K.O.

665. Une nouvelle … vient d'être découverte en Afrique :
    A. tribus
    B. tribut
    C. tribu

666. Payer un lourd … :
    A. tribu
    B. tribut
    C. tribus

667. Lequel de ces mots désigne un parasite :
    A. Tic
    B. Tique
    C. Tik

668. Le … de bœuf est excellent pour la santé :
    A. fois
    B. foie
    C. foi

669. Je me trompe à chaque … :
    A. foie
    B. foi
    C. fois

670. Je suis arrivée trop tard et j'ai trouvé sa porte … :
    A. close
    B. clause
    C. cloze

671. Samedi dernier je suis allé … la truite :
    A. pêcher
    B. pécher
    C. paicher

672. Un … les oppose :
    A. différent
    B. différend
    C. différant

673. Ils devaient obéir à leur seigneur :
    A. Les Serres
    B. Les Serfs
    C. Les cerfs

674. … les matins il prend le métro pour … rendre à … bureau. Ce
      … … habitudes :

   A. Tous, ce, sont, son, ces
   B. Tout, se, son, sont, ses
   C. Tous, se, son, sont, ses
   D. Tous, ce, son, sont, ces

675. Quelle liste de mots est bien orthographiée ?
   A. Le forfait, le retrais, le quai
   B. Le palais, le harnai, le minerai
   C. Le marais, la paix, le panais

676. Quelle liste contient un mot mal orthographié ?
   A. Cahot, dessein, haleine, repaire
   B. Thym, héros, dessin, tain
   C. Tribu, reigne, chas, cession

677. Quel est l'antonyme du mot "séquestrer" ?
   A. Renfermer
   B. Kidnapper
   C. Libérer
   D. Reclure

678. Quel est l'intrus parmi ces synonymes ?
   A. Angoissé
   B. Inquiet
   C. Triste
   D. Effrayé
   E. Apeuré

679. Parmi ces mots lequel n'est pas un synonyme du mot "vieux" ?
   A. Âgé
   B. Vétuste
   C. Vieillot
   D. Ancien
   E. Vieillesse

680. Quel est le synonyme de "tristesse" ?
   A. Affliction

B. Affectation
C. Infection
D. Affection

681. Quel mot n'est pas un synonyme de "peur" ?
A. Terreur
B. Appréhension
C. Couardise
D. Inclination
E. Aversion

682. Quel est l'intrus ?
A. Lucarne
B. Fenêtre
C. Vasistas
D. Porche

683. Quelle liste ne contient que des synonymes de "funeste" ?
A. Chaleureux, cordial, bienveillant
B. Déplorable, pernicieux, préjudiciable
C. Loyal, honnête, dévoué

684. Quel est l'intrus ?
A. Formuler
B. Exprimer
C. Raconter
D. Nier

685. Quelle liste contient un synonyme du verbe "interdire" ?
A. Provoquer, succéder, nuire
B. Tergiverser, prohiber, procrastiner
C. Suspecter, exposer, réhabiliter

686. Quels sont les synonymes de "cupide" ?
A. Malin, vif, agile, adroit
B. Avare, avide, économe
C. Étourdi, maladroit, empoté

687. Quel est le synonyme de "sournois" ?
    A. Insidieux
    B. Intègre
    C. Franc

688. Quel est l'intrus ?
    A. Bafouer
    B. Persifler
    C. Brocarder
    D. Éxalter

689. "Intègre" est-il un synonyme ou un antonyme du mot "honnête" ?
    A. Antonyme
    B. Synonyme

690. Quelle liste contient un synonyme de "bienveillant" ?
    A. Tatillon, anxieux, grossier
    B. Débonnaire, inflexible, brutal
    C. Jaloux, acariâtre, sévère

691. Compléter la liste suivante : pardonner, excuser, innocenter, gracier, ... :
    A. étamer
    B. absoudre
    C. persifler
    D. sévir

692. Compléter la liste de ces synonymes : désaccord, discordance, divergence, ... :
    A. pestilentiel
    B. dissonance
    C. euphorie
    D. consonance

693. Quel est l'intrus ?
    A. Allégresse

B. Enthousiaste
C. Euphorie
D. Farouche
E. Gaieté

Dans les phrases suivantes, remplacer les mots soulignés :

694. **Faire** une critique :
  A. Présenter
  B. Prononcer
  C. Émettre
  D. Informer

695. **Faire** une erreur :
  A. Présenter
  B. Mener
  C. Commettre
  D. Assurer

696. **Faire** un pacte :
  A. Proférer
  B. Émettre
  C. Prononcer
  D. Conclure

697. **Faire** des recherches :
  A. Adresser
  B. Composer
  C. Mener
  D. Former

698. **Mettre** du temps :
  A. Compter
  B. Consacrer
  C. Poser
  D. Raviver

699. Sur la liste **il y a** 25 élèves :
    A. Compte
    B. Figure
    C. Dispose

700. Il **a** une maladie très grave :
    A. Possède
    B. Dispose
    C. Souffre

701. Téléphoner en conduisant peut vous **faire** des ennuis :
    A. Donner
    B. Entreprendre
    C. Attirer
    D. Résulter

702. En prenant l'avion, tu peux **faire** le trajet en seulement une heure :
    A. Prendre
    B. Effectuer
    C. Parcourir
    D. Traverser

Par quel mot ne peut-on pas remplacer le verbe en gras ?

703. Au cours de mon voyage, j'ai pu **voir** beaucoup de monuments :
    A. Observer
    B. Remarquer
    C. Visiter
    D. Considérer

704. Il a **dit** mon secret :
    A. Révélé
    B. Divulgué
    C. Dénoté
    D. Propagé

705. Compléter la liste : faire, fabriquer, forger, façonner, confectionner, ... :
A. provoquer
B. manufacturer
C. agir
D. pratiquer

706. Quelle liste est incorrecte ?
A. Déposer, placer, poser
B. Glisser, insérer, introduire
C. Arriver, se présenter, se produire

707. Le calme de la campagne ... l'agitation de la ville :
A. contredit
B. contraste avec
C. contrarie
D. réfute

708. Les dernières révélations de la presse ... affirmations du premier ministre :
A. contrarient les
B. se heurtent aux
C. contredisent les
D. réfutent les

709. Le reportage sur les méfaits des insecticides a ... de nombreuses réactions :
A. attiré
B. suscité
C. occasionné
D. insinué

710. Quel est l'intrus ?
A. Impact
B. Séquelles
C. Paradoxe
D. Issue
E. Résultat

711. Retrouver l'intrus :
    A. Antagoniste
    B. Adverse
    C. Opposé
    D. Consécutif
    E. Antithétique

712. Lequel de ces verbes est synonyme "d'accepter" ?
    A. Concéder
    B. Solliciter
    C. Persifler
    D. Vociférer
    E. Engendrer

713. Quelle liste contient des synonymes du verbe "contempler" ?
    A. Toiser, examiner, observer, scruter
    B. Lorgner, constater, découvrir
    C. Admirer, émerveiller, apprécier

714. Quelle liste de verbe permet d'exprimer un jugement positif ?
    A. Répliquer, acquiescer, avouer
    B. S'extasier, juger, féliciter
    C. Insister, renchérir, poursuivre

715. Quelle liste de verbe permet d'exprimer un jugement négatif ?
    A. Répondre, avouer, proposer
    B. Protester, répartir, réfuter
    C. Insinuer, blâmer, persifler

716. Quelle liste permet de remplacer le verbe "demander" ?
    A. Dénoncer, reprocher, persifler
    B. Réfuter, contredire, protester
    C. Solliciter, interroger, sonder

717. "Réfuter," "contredire", "protester" sont des synonymes du
    verbe :
    A. Proposer
    B. Insister

   C. Rétorquer
   D. Acquiescer

718. Bégayer, bafouiller, ânonner, … :
   A. gémir
   B. bredouiller
   C. ronchonner
   D. geindre

719. Quel est l'intrus ?
   A. Rêche
   B. Rugueux
   C. Rance
   D. Doux

720. Compléter la liste suivante : agréable, amer, délicat, doux, épicé, fade, … :
   A. nauséabond
   B. âcre
   C. pestilentiel
   D. pimenté

721. Compléter la liste : chuchoter, murmurer, susurrer, … :
   A. rugir
   B. vociférer
   C. s'égosiller
   D. marmonner

722. Quels verbes utiliser pour terminer un dialogue ?
   A. Renchérir, poursuivre, persister
   B. Achever, conclure, interrompre
   C. Acquiescer, répliquer, avouer

723. Quels verbes utiliser pour donner une réponse ?
   A. Répliquer, avouer, répondre, rétorquer
   B. Gémir, geindre, supplier, soupirer
   C. Féliciter, juger, louer, approuver

724. Parmi ces listes de mots, laquelle ne permet d'exprimer des perceptions tactiles ?
   A. Malaxer, toucher, palper, tâter
   B. Pétrir, manier, manipuler, effleurer
   C. Avaler, déguster, cracher, écœurer
   D. Heurter, tâtonner, masser, frôler

725. Quelle liste permet d'exprimer des perceptions gustatives ?
   A. Palper, pétrir, presser, tâter
   B. Aspirer, humer, flairer, renifler
   C. Siroter, avaler, déguster, se délecter

726. Compléter cette liste : Siroter, avaler, déguster, se délecter, ... :
   A. écœurer
   B. empester
   C. dévorer
   D. érafler

727. Compléter la liste suivante : Ricaner, railler, se moquer, ... :
   A. soupirer
   B. gémir
   C. ironiser
   D. persister

728. Compléter la liste suivante : Guetter, surveiller, espionner, ... :
   A. admirer
   B. épier
   C. découvrir
   D. apercevoir

729. Parmi ces mots lequel n'est pas un connecteur spatial ?
   A. Au-dessus
   B. Premièrement
   C. Là-bas
   D. Ici

730. Les connecteurs temporels permettent :
   A. De situer des éléments dans l'espace

B. De situer des éléments dans le temps
C. De structurer des idées

731. Quelle liste ne contient pas de connecteurs temporels ?
A. Soudain, ensuite, cependant, finalement
B. Enfin, d'emblée, désormais, dorénavant
C. En outre, par ailleurs, bref, ensuite
D. Brusquement, depuis ce jour, aussitôt

732. Pour commencer une introduction, quel connecteur ne peut-être utilisé ?
A. En premier lieu
B. Premièrement
C. D'abord
D. Par ailleurs
E. À première vue

733. Les mots suivants : Bref, d'ailleurs, ensuite, puis, en outre, donc, or, … sont des connecteurs permettant d'exprimer :
A. La conséquence
B. L'opposition
C. La transition
D. L'explication

734. Quels sont les connecteurs utilisés pour l'énumération ?
A. Alors que, tandis que, quoique, bien que
B. En effet, comme, par, grâce à
C. De plus, ensuite, ainsi que, en outre

735. Quels sont les connecteurs logiques qui peuvent remplacer "c'est à dire" :
A. Alors que, tandis que, quoique, bien que
B. Autrement dit, en d'autres termes, bref, en résumé
C. De plus, puis, en outre, de surcroît
D. En conclusion, en somme, finalement, enfin

736. Par quelle liste peut-on remplacer le mot "donc" ?

A. Quoique, toutefois, pourtant, néanmoins
B. Ainsi, d'où, de sorte que, en conséquence
C. De surcroît, de plus, de même, deuxièmement

737. Quels sont les connecteurs logiques qui peuvent remplacer "ainsi" ?
A. En effet, comme, par, grâce à
B. Parce que, puisque, attendu que
C. Par conséquent, de sorte que, d'où

738. Compléter la liste : Toutefois, quoique, pourtant, au contraire, … :
A. puisque
B. du reste
C. néanmoins
D. notamment

739. "En effet", "par exemple", "à savoir", "entre autres" … sont des connecteurs dont la valeur est :
A. L'opposition
B. La cause
C. La conséquence
D. L'explication

740. Compléter la liste : Quoique, bien que, quand bien même, … :
A. de sorte que, si bien que, de façon que
B. étant donné que, puisque, sous prétexte que
C. à l'inverse, toutefois, au contraire

741. Quel est l'intrus ?
A. Et, puis, en outre, d'ailleurs
B. Faute de, à force, à cause de
C. Mais encore, non seulement, avant tout

742. Par quelle liste introduire une hypothèse ?
A. De même que, tel que, à mesure que
B. Selon que, à supposer que, en admettant que
C. Afin que, de crainte que, en vue de

Vocabulaire

743. Quels connecteurs permettent d'exprimer la cause ?
  A. Étant donné que, puisque, attendu que, car
  B. Donc, c'est pourquoi, si bien que
  C. De même, comme, ainsi

744. Quel est l'intrus ?
  A. En fin de compte
  B. Finalement
  C. En outre
  D. En dernier lieu
  E. Ainsi

745. Quel est l'intrus ?
  A. En conclusion
  B. En somme
  C. En définitive
  D. De surcroît

746. Compléter la liste : Cependant, en revanche, pourtant, néanmoins, … :
  A. au contraire
  B. autrement dit
  C. en définitive
  D. grâce à

747. Chasser l'intrus :
  A. Puisque, attendu que, étant donné que
  B. En effet, à cause de, car, parce que
  C. Aussi, ainsi, alors, par conséquent

748. Quels connecteurs permettent de présenter de nouveaux arguments ?
  A. C'est-à-dire, autrement dit, en d'autres termes
  B. De plus, par ailleurs, ensuite, en outre
  C. Cependant, par contre, néanmoins

749. Lequel de ces mots n'est pas invariable ?

A. Parmi
B. Guère
C. Selon
D. Ver

750. Parmi ces adverbes lequel évoque un passé lointain ?
A. Jadis
B. Naguère
C. Antan

751. Parmi ces propositions laquelle est correcte ?
A. Je pars au marché faire les courses
B. Je pars pour le marché faire les courses
C. Je pars dans le marché faire les courses

752. Quelle phrase est incorrecte ?
A. Je parle avec mon frère
B. Je vous ai parlé de mon frère
C. Je parle à mon frère

753. «J'ai évité cette peine à ma mère.», cette phrase est-elle correcte ?
A. Vrai
B. Faux

754. Quelle formulation est incorrecte ?
A. Tu n'es pas sans ignorer
B. Tu n'es pas sans savoir
C. Tu n'ignores pas

755. Dit-on :
A. Invectiver quelqu'un
B. Invectiver contre quelqu'un
C. Invectiver après quelqu'un

756. Dit-on :
A. Remédier à quelque chose
B. Remédier pour quelque chose

C. Remédier de quelque chose

757. Parmi ces phrases laquelle est incorrecte ?
  A. Appelle-moi demain, je suis sur Paris jusqu'à samedi
  B. Après qu'il a fini son film, il est parti se coucher
  C. Nous étions convenus de nous voir à midi

758. Dit-on :
  A. Assieds-toi
  B. Assis-toi
  C. Assiez-toi

759. Quel est l'intrus ?
  A. Je me rappelle de mon passé
  B. Je vais chez le coiffeur
  C. Je vous saurais gré

760. «La communication s'est brouillée lorsque la voiture est entrée sous le tunnel.», cette phrase est-elle correcte ?
  A. Oui
  B. Non

761. Ces amendes coûtent … :
  A. cher
  B. chères
  C. chers

762. Une des phrases suivantes est correcte, laquelle ?
  A. J'ai dressé le portrait du malfaiteur
  B. Il avait prévu à l'avance la défaite du PSG
  C. Cet homme est très cultivé

763. Dit-on :
  A. J'ai pris le parti pris de Bernard
  B. J'ai pris le parti de Bernard
  C. J'ai prit le parti pris de Bernard

764. Quel est l'intrus ?
    A. Vous prenderez bien une tasse de thé
    B. Que metteriez-vous à ma place ?
    C. Nous les battrons lors de la revanche

765. «Un bus passe chaque dix minutes.», cette affirmation est-elle :
    A. Correcte
    B. Incorrecte

766. Dit-on :
    A. Grâce au sport, j'ai pallié à mon manque de cigarettes
    B. Grâce au sport, j'ai pallié mon manque de cigarettes
    C. Grâce au sport, j'ai pallié de mon manque de cigarettes

767. Doit on dire et écrire :
    A. J'ai confiance en votre envie de réussir
    B. J'ai confiance dans votre envie de réussir
    C. J'ai confiance à votre envie de réussir

768. Dit-on "sabler" ou "sabrer" le champagne ?
    A. Sabler
    B. Sabrer
    C. Les deux

769. «Je suis très fatiguée car je cumule deux travails.», cette phrase est :
    A. Incorrecte
    B. Correcte

770. Laquelle de ces formules de politesse est à éviter ?
    A. Je vous prie d'agréer (…), l'expression des mes salutations distinguées
    B. Je vous prie d'agréer (…), l'expression des mes sentiments distingués
    C. Je vous prie d'agréer (…), mes salutations distinguées

771. Qu'est-ce que la rhétorique ?

    A. Une figure de style
    B. L'art de bien parler
    C. Un discours visant à prendre la défense de quelqu'un ou de quelque chose

772. Un discours visant à prendre la défense de quelqu'un ou de quelque chose est :
    A. Une apologie
    B. Un archaïsme
    C. Une thèse

773. Un néologisme est :
    A. Un mot qui a plusieurs sens
    B. Un nouveau mot
    C. La répétition d'une sonorité dans une phrase

774. Identifier un champ lexical signifie :
    A. Identifier des mots et/ou des expressions
    B. Identifier des phrases entières d'un texte
    C. Identifier l'idée principale d'un texte

775. Relever un champ lexical dans un texte permet d'en déterminer :
    A. L'auteur
    B. Le thème principal
    C. L'époque

776. Parmi ces listes de mots, laquelle n'appartient pas au champ lexical des sentiments ?
    A. Amitié, affection, attachement
    B. Colère, déception, dépit
    C. Stratégie, armée, bataille
    D. Joie, peur, surprise

777. Les termes : confiance, incertain, confiance, fragile, combler font partie du champ lexical de :
    A. L'enfance
    B. L'espoir

C. La colère

778. Dans quel genre littéraire le champ lexical du souvenir est-il le plus utilisé ?
   A. Le théâtre
   B. L'autobiographie
   C. La fable

779. Lequel de ces mots n'appartient pas à la même famille que le mot "jeunesse" ?
   A. Jeunot
   B. Jeunet
   C. Déjeuner
   D. Rajeunir

780. Les termes : éphèbe, jouvenceau, bachelier, page, teenagers appartiennent au champ lexical :
   A. Du souvenir
   B. De l'enfance
   C. De la jeunesse

781. Un intrus s'est glissé dans une de ces listes, laquelle ?
   A. Ennemi, rival, opposant, complice
   B. Adversaire, antagoniste, attaquant
   C. Détracteur, concurrent, belligérant

782. Compléter la liste suivante : véritable, avéré, véridique, vrai, vérifiable, … :
   A. artifice
   B. fourberie
   C. imposture
   D. certitude

783. Chercher l'intrus :
   A. Calomnie, propagande, contre-vérité, sincérité, imposture
   B. Fourberie, hypocrisie, déloyauté, fausseté, mensonge
   C. Artifice, tromperie, duperie, affabulation, tricherie

784. Se sentir en cause dans une affaire, c'est être :
   A. Affecté
   B. Concerné
   C. Stimulé
   D. Excité

785. Le premier à proposer une idée en est :
   A. L'initiateur
   B. L'égérie
   C. L'aspirant

786. Quel est l'intrus ?
   A. Prologue
   B. Départ
   C. Épilogue
   D. Ébauche
   E. Inauguration

787. Parmi ces mots lequel n'est pas un synonyme d' "initiation" ?
   A. Baptême
   B. Éducation
   C. Apprentissage
   D. Prétention

788. Lequel de ces mots présente l'ambition de manière péjorative ?
   A. Idéal
   B. Arrivisme
   C. Prétention
   D. Quête

789. Pour mettre en évidence l'ambition d'un personnage, quelle liste de mots utiliser ?
   A. Mépriser, dédaigner, refuser, réfuter
   B. Briguer, convoiter, aspirer, prétendre
   C. Esquiver, éluder, escamoter, éviter

790. Le verbe "briguer" appartient au langage :
   A. Familier

    B. Courant
    C. Soutenu

791. Quel est l'intrus ?
    A. Gratification
    B. Désillusion
    C. Déconvenue
    D. Affliction

792. À quel champ lexical appartiennent les mots suivants : haillons, rapiécé, guenilles, loques, lambeau ?
    A. Vêtement
    B. Richesse
    C. Déguisement

793. Quel est l'intrus ?
    A. Aguichant
    B. Pédant
    C. Avare
    D. Charmant

794. Compléter la liste : grandiose, remarquable, prodigieux, époustouflant, … :
    A. formidable
    B. tolérable
    C. férub
    D. banal

795. Compléter la liste suivante : revendiquer, exiger, réclamer, ordonner, … :
    A. dispenser
    B. tolérer
    C. requérir
    D. acquiescer

796. "Le triomphe d'une révolte" est la définition d'une :
    A. Émeute
    B. Révolution

C. Grève
D. Insurrection

797. L'insurrection est un terme qui appartient au langage :
A. Soutenu
B. Courant
C. Familier

798. Une émeute est-elle :
A. Un soulèvement populaire non organisé
B. L'action de se soulever contre un pouvoir
C. Un rassemblement sur la voie publique pour exprimer une opinion, un mécontentement

799. Quelle liste de mots appartient au champ lexical de la misère ?
A. Mélodie, sonate, lyrique, violon, instrument
B. Prolétariat, famine, pauvreté, privation, précarité
C. Prospérité, aisance, opulence, pactole, patrimoine

800. Les champs lexicaux de l'étrange, du mystère et de la peur caractérisent le registre :
A. Fantastique
B. Lyrique
C. Tragique

801. Quel est l'intrus ?
A. Énigmatique, curieux, bizarre
B. Irréel, surprenant, extravagance
C. Apeuré, angoissé, effrayé

Littérature

Littérature

802. Qu'est-ce qu'un genre littéraire ?
   A. Un style de texte ayant des caractéristiques communes
   B. Un style de texte ayant un auteur commun
   C. Un genre de texte écrit à la même époque

803. Parmi ces propositions laquelle ne désigne pas un genre litté-
   raire ?
   A. Le genre narratif
   B. Le genre argumentatif
   C. Le genre théâtral
   D. Le genre comique

804. Quelles sont les principales caractéristiques de la nouvelle ?
   A. Personnages types, passé lointain, histoire merveilleuse
   B. Histoire brève, un seul fil narratif, peu de personnages
   C. Récit à la 1ère personne, point de vue subjectif, double destinataire

805. Comment appelle-t-on une fin inattendue dans une nouvelle ?
   A. Une chute
   B. Un dénouement
   C. Un rebondissement

806. Qu'est-ce que la double énonciation ?
   A. Lorsqu'un dialogue est destiné aux acteurs et au public
   B. Une réplique destinée au public
   C. Lorsque deux personnages se coupent la parole

807. Que signifie "épistolaire" ?
   A. Un genre littéraire qui désigne un échange de correspondance
   B. L'ensemble des épisodes d'un livre
   C. Un genre littéraire désignant une longue épopée

808. Qu'appelle-t-on le registre de langue ?
   A. Le type de langage utilisé : soutenu, courant, familier et grossier
   B. La langue utilisée : anglais, espagnol, …

C. La forme du discours : narratif, descriptif, argumentatif, explicatif

809. À quel genre littéraire appartient la nouvelle ?
   A. Le genre narratif
   B. Le genre théâtral
   C. Le genre argumentatif
   D. Le genre poétique

810. La nouvelle se caractérise par :
   A. Un dénouement heureux
   B. La présence d'une morale
   C. Un récit court

811. Une histoire imaginaire, souvent écrite en vers, et qui a pour vocation d'enseigner ou d'illustrer une morale est :
   A. Une fable
   B. Une nouvelle
   C. Un roman

812. La fable est un texte long :
   A. Vrai
   B. Faux

813. Le cadre spatio-temporel est généralement présenté au début de la fable :
   A. Vrai
   B. Faux

814. Qu'est-ce qu'un registre littéraire ?
   A. La manière qu'utilise l'auteur pour exprimer un message : registre soutenu, familier, …
   B. Une catégorie regroupant les œuvres ayant des points communs : le roman, la poésie, …
   C. L'effet que l'auteur veut produire sur le lecteur : comique, tragique, …

815. Le roman est-il un genre ou un registre littéraire ?

Littérature

A. Un genre littéraire
B. Un registre littéraire

816. L'autobiographie est-elle un genre ou un registre littéraire ?
A. Un genre littéraire
B. Un registre littéraire

817. Quel registre joue sur des effets de décalage ?
A. Le registre réaliste
B. Le registre fantastique
C. Le registre tragique
D. Le registre comique

818. Quel registre présente des lieux et personnages qui peuvent exister ?
A. Le registre réaliste
B. Le registre comique
C. Le registre tragique
D. Le registre fantastique

819. À quel registre littéraire appartient le conte de Cendrillon ?
A. Le registre fantastique
B. Le registre merveilleux
C. Le registre réaliste

820. Quel registre littéraire utilise un vocabulaire noble et soutenu ?
A. Le registre comique
B. Le registre réaliste
C. Le registre tragique
D. Le registre fantastique

821. Dans quel registre littéraire, le texte mêle l'étrange et/ou le surnaturel dans un univers réaliste et quotidien ?
A. Le registre épique
B. Le registre fantastique
C. Le registre lyrique

822. Dans quel registre littéraire, l'auteur cherche-t-il à émouvoir le lecteur par l 'expression d'états d'âme et d'émotions ?
   A. Le registre lyrique
   B. Le registre fantastique
   C. Le registre tragique

823. Quel registre littéraire désigne un texte visant à enseigner quelque chose aux lecteurs ?
   A. Le registre polémique
   B. Le registre didactique
   C. Le registre pathétique

824. Quel registre littéraire met en avant les qualités d'un héros afin de provoquer l'admiration du lecteur ?
   A. Le registre fantastique
   B. Le registre lyrique
   C. Le registre épique

825. Quel registre littéraire cherche à apitoyer, à émouvoir le lecteur ?
   A. Le registre lyrique
   B. Le registre pathétique
   C. Le registre burlesque
   D. Le registre comique

826. Dans cet extrait de *Manon Lescaut* de l'Abbé Prévost, quel est le registre littéraire utilisé ?«Nous nous donnâmes ainsi deux logements, l'un à la ville et l'autre à la campagne. Ce changement mit bientôt le dernier désordre à nos affaires, en faisant naître deux aventures qui causèrent notre ruine.»
   A. Le registre lyrique
   B. Le registre dramatique
   C. Le registre pathétique
   D. Le registre comique

827. Dans cet extrait quel registre est utilisé ? «Ceux qui jugent et qui condamnent disent la peine de mort nécessaire. D'abord, – parce qu'il importe de retrancher de la communauté sociale

un membre qui lui a déjà nui et qui pourrait lui nuire encore.
– S'il ne s'agissait que de cela, la prison perpétuelle suffirait.
À quoi bon la mort ? Vous objectez qu'on peut s'échapper
d'une prison ? Faites mieux votre ronde. Si vous ne croyez
pas à la solidité des barreaux de fer, comment osez-vous
avoir des ménageries ?» V.Hugo, *Dernier jour d'un condamné.*

A. Le registre polémique
B. Le registre didactique
C. Le registre lyrique
D. Le registre fantastique

828. Quel registre littéraire inspire désespoir et terreur sur le destin
de ses personnages ?
A. Le registre tragique
B. Le registre comique
C. Le registre pathétique

829. Cet extrait relève de quel registre littéraire ?
«Ouvre les yeux, dirais-je, ô ma seule lumière !
Laisse-moi, laisse-moi lire dans ta paupière
Ma vie et ton amour !» *Chant d'Amour*, A. de Lamartine.

A. Du registre lyrique
B. Du registre fantastique
C. Du registre épique
D. Du registre comique

830. À quel registre cette définition se rapporte-t-elle ? «Il vise à cri-
tiquer un événement, un groupe social ou un caractère, par la
moquerie, la raillerie.» :
A. Le registre satirique
B. Le registre comique
C. Le registre épique

831. Qui suis-je ? J'appartiens au genre narratif, je suis un récit fictif
en prose et je suis plus long qu'une nouvelle :
A. Le roman
B. La poésie

C. L'autobiographie
D. Les Mémoires

832. Comment appelle-t-on le procédé qui consiste à s'écarter de l'usage ordinaire de la langue afin de créer un effet ?
A. Une figure littéraire
B. Une figure de style
C. Une figure lexicale

833. La comparaison est une figure de :
A. L'insistance
B. La ressemblance
C. L'opposition

834. La comparaison est un rapprochement de deux éléments sans mot comparatif :
A. Vrai
B. Faux

835. Le rapprochement de deux éléments à l'aide d'un mot comparatif est une :
A. Métaphore
B. Comparaison
C. Personnification

836. Le rapprochement de deux éléments sans l'aide d'un mot comparatif est une :
A. Métaphore
B. Comparaison
C. Anaphore

837. Les figures de ressemblance apportent un sens ou une sensibilité supplémentaire à ce qui est comparé :
A. Vrai
B. Faux

838. «Je t'offrirai des perles de pluie», est une :

A. Personnification
B. Métaphore
C. Comparaison

839. La représentation concrète d'une idée abstraite c'est :
A. Une allégorie
B. Une métaphore
C. Une personnification

840. Quelle est l'allégorie utilisée pour parler de la mort :
A. La balance
B. La faucheuse
C. La colombe

841. La colombe est une allégorie qui exprime :
A. La liberté
B. La paix
C. La blancheur

842. Lorsque des caractéristiques humaines sont données à quelque
chose qui ne l'est pas, il s'agit d'une :
A. Comparaison
B. Personnification
C. Anaphore

843. La personnification permet de présenter les choses de manière
plus vivante :
A. Vrai
B. Faux

844. «Cette école est une prison», est une :
A. Comparaison
B. Métaphore
C. Personnification

845. «Il est sourd comme un pot», est une :
A. Comparaison
B. Métaphore

C. Personnification

846. Son couvre-chef vert ressemblait à celui de Robin des bois :
A. Personnification
B. Métaphore
C. Comparaison

847. Elle a retrouvé sa taille de guêpe depuis qu'elle a repris le sport :
A. Anaphore
B. Métaphore
C. Comparaison

848. À la mort du roi même les nuages pleuraient :
A. Métaphore
B. Personnification
C. Comparaison

849. Avec cette tenue, tu as l'air d'un épouvantail :
A. Personnification
B. Métaphore
C. Comparaison

850. Quel est l'intrus ?
A. Comparaison
B. Métaphore
C. Hyperbole
D. Personnification

851. Il était brave comme un lion, mais doux comme un agneau :
A. Personnification
B. Métaphore
C. Comparaison

852. Le ciel était pareil à un limmense linceul :
A. Comparaison
B. Métaphore
C. Personnification

853. Roméo avait devant lui le printemps de son regard :
   A. Personnification
   B. Comparaison
   C. Métaphore

Dans les phrases suivantes, indiquer quels sont les éléments comparés et comparants :

854. «Elle regardait le ciel empli d'une poussière d'étoiles» :
   A. Le ciel : comparant / étoiles : comparé
   B. Les étoiles : comparant / Le ciel : comparé
   C. Elle : comparé / étoiles : comparant

855. «Des trous grands comme des tombeaux» :
   A. Trous : comparé / tombeaux : comparant
   B. Trous : comparant / tombeaux : comparé

856. Les procédés d'écriture qui permettent de varier l'intensité d'un propos sont les figures de :
   A. La ressemblance
   B. L'insistance
   C. L'opposition

857. Parmi ces propositions, laquelle n'est pas une figure de l'insistance :
   A. La périphrase
   B. L'anaphore
   C. L'énumération
   D. L'hyperbole

858. La répétition d'un mot ou d'une expression en début de phrase est une :
   A. Métaphore
   B. Énumération
   C. Anaphore
   D. Périphrase

859. Pour surprendre le lecteur et son imagination, exagérer ou amplifier une idée, un fait ou une action, l'auteur utilise :
   A. L'anaphore
   B. L'hyperbole
   C. La gradation

860. «Cette journée a duré une éternité», est une :
   A. Métaphore
   B. Hyperbole
   C. Comparaison

861. «Paris ! Paris outragée ! Paris brisée ! Paris martyrisée ! Mais Paris libérée !» C. de Gaulle, est une :
   A. Métaphore
   B. Anaphore
   C. Hyperbole

862. Quelle figure de style, très fréquente dans les descriptions, consiste à détailler successivement les différentes parties d'un tout :
   A. La périphrase
   B. L'énumération
   C. L'anaphore

863. Quelle est la figure de style dont le procédé est l'énumération de mots ou de groupes de mots ordonnés selon leur degré d'intensité ?
   A. La répétition
   B. La gradation
   C. L'anaphore

864. L'effet croissant ou décroissant d'intensité est ce qui fait la différence entre la gradation et l'énumération :
   A. Vrai
   B. Faux

865. «Je me meurs, je suis mort, je suis enterré» Molière, *L'avare.* Est-ce une?
   A. Énumération

B.   Gradation
C.   Anaphore

866.   «Je meurs de faim», est :
A.   Une métaphore
B.   Une hyperbole
C.   Une antithèse

867.   Le ciel était noir, sombre, obscur :
A.   Énumération
B.   Hyperbole
C.   Gradation

868.   Le ciel est d'un noir d'encre :
A.   Hyperbole
B.   Métaphore
C.   Les deux

869.   Elle a versé des torrents de larmes :
A.   Gradation
B.   Hyperbole
C.   Métaphore

870.   «Un gros meuble à tiroirs encombrés de bilans, de vers, de billets doux, de romances» C. Baudelaire, *Les Fleurs du Mal.* Est-ce une ?
A.   Énumération
B.   Gradation
C.   Hyperbole

871.   «Toujours aimer, toujours souffrir, toujours mourir» P. Corneille, *Suréna.* Est-ce une ?
A.   Hyperbole
B.   Anaphore
C.   Gradation

872.   Quelle figure consiste à employer un terme ou une expression qui répète ce qui vient d'être énoncé :

A. La répétition
B. Le pléonasme
C. Le chiasme

873. "Monter en haut", "descendre en bas", "marcher à pied" … sont des :
A. Oxymores
B. Pléonasmes
C. Litotes

874. Quelles figures expriment un paradoxe, une contradiction :
A. Les figures de l'insistance
B. Les figures d'opposition
C. Les figures de la ressemblance

875. Quel est l'intrus ?
A. La périphrase
B. L'antithèse
C. L'antiphrase
D. L'oxymore

876. Quelle figure de style rapproche deux éléments opposés pour souligner un contraste ?
A. L'antithèse
B. L'antiphrase
C. La litote

877. Qu'est-ce qu'un oxymore ? :
A. L'association dans un même groupe syntaxique de deux mots aux sens opposés
B. La substitution par le contraire de ce que l'on veut véritablement exprimer
C. L'atténuation d'un propos

878. Le paradis des uns c'est l'enfer des autres :
A. Oxymore
B. Antithèse
C. Antiphrase

879. Elle aime les morts et hait les vivants :
    A. Antithèse
    B. Antiphrase
    C. Oxymore

880. Je la comparais à un soleil noir :
    A. Oxymore
    B. Antithèse
    C. Antiphrase

881. Noël au balcon :
    A. Antithèse
    B. Oxymore
    C. Antiphrase

882. Lors du réveillon j'ai passé une nuit blanche :
    A. Antiphrase
    B. Oxymore
    C. Antithèse

883. Un silence assourdissant :
    A. Antithèse
    B. Litote
    C. Oxymore

884. Quelle figure de style consiste à inverser deux groupes de mots :
    A. Une antithèse
    B. Un oxymore
    C. Un chiasme

885. Une obscure clarté :
    A. Antithèse
    B. Antiphrase
    C. Oxymore

886. Bonnet blanc et blanc bonnet :
    A. Antiphrase

B. Chiasme
C. Oxymore

887. Voilà du beau travail (pour quelque chose de loupé) :
A. Antithèse
B. Antiphrase
C. Oxymore

888. Pleurer de joie :
A. Oxymore
B. Antithèse
C. Antiphrase

889. «Être ou ne pas être» W. Shakespeare :
A. Antiphrase
B. Chiasme
C. Antithèse

890. À père avare, fils prodigue :
A. Chiasme
B. Oxymore
C. Antithèse

891. Ton histoire est vieille comme le monde :
A. Comparaison et hyperbole
B. Hyperbole
C. Comparaison

892. Sa vie est un enfer :
A. Hyperbole
B. Métaphore
C. Hyperbole et métaphore

893. Quelle figure de style s'oppose à l'hyperbole ?
A. La métaphore
B. La litote
C. L'anaphore

Littérature

894. Trouver l'intrus :
  - A. Euphémisme
  - B. Métaphore
  - C. Comparaison
  - D. Personnification

895. Dans quel cas utilise-t-on une litote ?
  - A. Pour dire le moins pour suggérer le plus
  - B. Pour éviter d'employer un mot blessant, cru, pénible à entendre
  - C. Pour remplacer un mot par une expression plus longue

896. Qu'est-ce qu'un euphémisme ?
  - A. Une figure de style qui cherche à atténuer une réalité choquante ou pénible
  - B. Une figure de style qui remplace un terme par un autre lui ressemblant
  - C. Une figure de style qui implique un jugement négatif du propos

897. Ça ne sent pas la rose :
  - A. Euphémisme
  - B. Litote
  - C. Anaphore

898. Elle a rendu son dernier soupir dans la nuit :
  - A. Oxymore
  - B. Euphémisme
  - C. Litote

899. Ce chien n'est pas bête :
  - A. Litote
  - B. Personnification
  - C. Euphémisme

900. Lequel de ces mots est un euphémisme évoquant la mort ?
  - A. L'agonie
  - B. La disparition
  - C. L'exil

901. Laquelle de ces propositions utilise un euphémisme ?
    A. Il est vif comme l'éclair
    B. Elle nous a quittés il y a un an
    C. Tes résultats ne sont pas mauvais

902. Trouver l'intrus :
    A. Non-voyant
    B. Personne de couleur
    C. Sourd
    D. Demandeur d'emploi

903. Reformuler la phrase : «Sa cuisine est immangeable» en utilisant une litote :
    A. Sa cuisine est infecte
    B. Il n'est vraiment pas doué en cuisine
    C. Sa cuisine n'est pas si délicieuse

904. Si l'on considère que la phrase : «Les bénéfices ne sont pas énormes» est une litote quelle est sa vraie signification ?
    A. Les bénéfices sont faibles
    B. Les bénéfices sont excellents
    C. Les bénéfices sont insignifiants

905. Reformuler en litote la phrase : «Vous avez raison» :
    A. C'est exact
    B. Vous n'avez pas tort
    C. Vous vous trompez

906. La SNCF octroie des réductions aux séniors :
    A. Litote
    B. Euphémisme
    C. Métaphore

907. Je n'ai pas détesté ce concert :
    A. Litote
    B. Euphémisme
    C. Hyperbole

908. Quelles sont les figures de style qui soulignent une ressemblance entre deux termes ou expressions tout en impliquant en effet de surprise… ?
    A. Les figures de ressemblance
    B. Les figures de substitution
    C. Les figures d'insistance

909. Quelle figure de style permet de dire en plusieurs mots ce qu'on pourrait dire en un seul terme ?
    A. Une métonymie
    B. Une périphrase
    C. Une synecdoque.

910. La métonymie désigne :
    A. Une personne ou un objet par un autre élément similaire
    B. Un lien implicite entre deux propos
    C. Une idée abstraite présentée de façon concrète

911. La synecdoque est une forme particulière de métonymie :
    A. Vrai
    B. Faux

912. «Auriez-vous du feu ?», s'agit-il d'une :
    A. Périphrase
    B. Métonymie
    C. Litote

913. «J'ai acheté une renault.», est-ce une :
    A. Périphrase
    B. Métaphore
    C. Métonymie
    D. Synecdoque

914. L'expression «Avoir les yeux plus grands que le ventre» est-elle ?
    A. Une métonymie
    B. Une périphrase
    C. Une Anaphore

915. Le billet vert est une valeur sûre :
   A. Litote
   B. Périphrase
   C. Euphémisme

916. Heureusement mon vélo a crevé à 50 mètres de la maison :
   A. Une métonymie
   B. Une synecdoque
   C. Une périphrase

917. "La langue de Shakespeare" est une périphrase qui désigne :
   A. Roméo et Juliette
   B. La tragédie
   C. La langue anglaise

918. «Un troupeau de 50 têtes a traversé la route.», la figure de style utilisée est la :
   A. Métonymie
   B. Synecdoque
   C. Périphrase

919. «Je viens de lire un Balzac.», s'agit-il d'une :
   A. Métonymie
   B. Périphrase
   C. Synecdoque

920. "Le Roi-Solei" est une périphrase qui désigne :
   A. Charlemagne
   B. Louis XIV
   C. César

921. L e Général de Gaulle est également surnommé :
   A. L'inventeur de la dynamite
   B. L'homme du 18 juin
   C. L'incorruptible

922. "La pucelle d'Orléans" désigne :

Littérature

> A. Marie-Antoinette
> B. Marguerite Duras
> C. Jeanne d'Arc

923. Afin de désigner un enfant insupportable, quelle proposition présente une antiphrase et une métaphore ?
  A. Cet enfant est un ange !
  B. Cet enfant n'est pas si adorable !
  C. Cet enfant possède un incroyable mauvais caractère !

924. Pour parler de quelqu'un de sot, quelle proposition présente une antiphrase et une litote ?
  A. C'est un génie !
  B. Il n'est pas si sot
  C. Il témoigne d'une excellente vivacité d'esprit !

Relever les figures de style dans les extraits suivants :

925. «Je ne suis qu'un amas de crimes et d'ordures.» Molière, *Tartuffe* :
  A. Anaphore
  B. Métaphore
  C. Hyperbole

926. «Et nous alimentons nos aimables remords
Comme les mendiants nourrissent leur vermine» J. Du Bellay :
  A. Comparaison
  B. Antithèse
  C. Métaphore

927. «Les sanglots longs des violons de l'automne, blessent mon cœur d'une langueur monotone.» P. Verlaine :
  A. Hyperbole
  B. Périphrase
  C. Métaphore

928. «C'étaient des hommes géants sur des chevaux colosses."» V. Hugo, *Les Misérables* :

    A. Métaphore
    B. Personnification
    C. Hyperbole

929. «Un sentiment tricolore intense» C. Claudel :
    A. Personnification
    B. Métonymie
    C. Anaphore

930. «Et osent les vaincus les vainqueurs dédaigner.» J. Du Bellay :
    A. Métaphore
    B. Métonymie
    C. Chiasme

931. «Et mon pied peureux froisse, au bord du marécage, Des crapauds imprévus et de froids limaçons.» C. Baudelaire :
    A. Hyperbole
    B. Chiasme
    C. Métaphore

932. «En cet affront mon père est l'offensé,
Et l'offenseur le père de Chimène !» P. Corneille :
    A. Oxymore
    B. Litote
    C. Chiasme

933. «Et l'on voit de la flamme aux yeux des jeunes gens. Mais dans l'œil du vieillard on voit de la lumière.» V. Hugo :
    A. Métonymie
    B. Antithèse
    C. Chiasme

934. «Vous aviez le choix entre la guerre et le déshonneur. Vous avez choisi le déshonneur, et vous aurez quand même la guerre.» W. Churchill :
    A. Hyperbole
    B. Chiasme
    C. Métaphore

935. «Toute lune est atroce et tout soleil amer» A. Rimbaud, *Le Bateau Ivre* :
   A. Comparaison
   B. Hyperbole
   C. Métaphore

936. «Vivre simplement pour que d'autres puissent simplement vivre.» Gandhi :
   A. Antiphrase
   B. Métaphore
   C. Chiasme

937. «La terre est bleue comme une orange» P. Éluard :
   A. Comparaison
   B. Personnification
   C. Anaphore

938. «Loup Garou se dirigea donc vers Pantagruel avec une massue d'acier pesant neuf mille sept cents quintaux et deux quarterons» F. Rabelais, *Pantagruel* :
   A. Euphémisme
   B. Hyperbole
   C. Anaphore

939. «Quelques heures après, quand Julien sortit de la chambre de madame de Rênal, on eût pu dire, en style de roman, qu'il n'avait plus rien à désirer.» Stendhal :
   A. Litote
   B. Euphémisme
   C. Hyperbole

940. «Hâtez-vous lentenent» N. Boileau :
   A. Oxymore
   B. Antithèse
   C. Antiphrase

941. «Le crépuscule ami s'endort dans la vallée.» A.de Vigny :

A. Métaphore
B. Métonymie
C. Personnification

942. «Le poète est semblable au Prince des nuées / Qui hante la tempête et se rit de l'archer.» C. Baudelaire, *Les Fleurs du Mal* :
A. Métaphore
B. Antiphrase
C. Comparaison

943. «Qui craint de souffrir, il souffre déjà de ce qu'il craint.» M. de Montaigne :
A. Antiphrase
B. Chiasme
C. Hyperbole

944. «Le soleil noir de la Mélancolie» G.de Nerval :
A. Antithèse
B. Allégorie
C. Oxymore

945. «Je crois que je pourrais rester dix mille ans sans parler.» J-P. Sartre :
A. Hyperbole
B. Métaphore
C. Euphémisme

946. «Notre adieu ne fut point un adieu d'ennemis.» P. Corneille :
A. Litote
B. Euphémisme
C. Oxymore

947. «Ces murs maudits par Dieu, par Satan profanés.» V. Hugo :
A. Oxymore
B. Chiasme
C. Antiphrase

948. «Devant eux, sur de petites tables carrées ou rondes, des verres contenaient des liquides rouges, jaunes, verts, bruns, de toutes les nuances…» G. de Maupassant, *Bel Ami* :
  A. Énumération
  B. Hyperbole
  C. Anaphore

949. «L'éternité pour moi ne sera qu'un instant.» J-B. Rousseau :
  A. Métaphore
  B. Hyperbole
  C. Allégorie

950. «Tel qui rit vendredi, dimanche pleurera.» J. Racine :
  A. Oxymore
  B. Chiasme
  C. Antithèse

951. «On tue un homme, on est un assassin. On tue des millions d'hommes, on est un conquérant. On les tue tous, on est un dieu.» J. Rostand :
  A. Anaphore
  B. Gradation
  C. Hyperbole

952. «Le sucre serait trop cher, si l'on ne faisait travailler la plante qui le produit par des esclaves.» Montesquieu :
  A. Oxymore
  B. Antithèse
  C. Antiphrase

953. «Va, je ne te hais point.» P. Corneille, *Le Cid* :
  A. Euphémisme
  B. Litote
  C. Métonymie

954. «Je serai ton cercueil, aimable pestilence.» C. Baudelaire :
  A. Énumération
  B. Chiasme

C. Oxymore

955. «Ah ! quelle cruauté qui tout en jour tue/Le père par le fer, la fille par la vue !» P. Corneille, *Le Cid* :
A. Litote
B. Métonymie
C. Chiasme

956. «La science sans religion est boiteuse, la religion sans science est aveugle.» A. Einstein :
A. Litote
B. Chiasme
C. Oxymore

957. «Je ne regarderai ni l'or du soir qui tombe, / Ni les voiles au loin descendant vers Harfleur.» V. Hugo :
A. Métaphore
B. Oxymore
C. Métonymie

958. «Sa barbe était d'argent comme un ruisseau d'avril.» V. Hugo :
A. Métaphore
B. Comparaison
C. Personnification

959. «C'était une merveilleuse grimace.» V. Hugo :
A. Personnification
B. Comparaison
C. Oxymore

960. «L'astre au front d'argent.» A. de Lamartine :
A. Oxymore
B. Périphrase
C. Litote

961. «C'était une confusion, un fouillis de têtes et de bras qui s'agitaient.» E. Zola :
A. Synecdoque

   B. Énumération
   C. Hyperbole

962. «Non, j'ai pu vivre dans la servitude, mais j'ai toujours été libre.» Montesquieu, *Lettres Persanes* :
   A. Oxymore
   B. Antiphrase
   C. Antithèse

963. «Plus l'offenseur est cher, et plus grande est l'offense.» P. Corneille
   A. Antithèse
   B. Chiasme
   C. Oxymore

964. «Tant de villes rasées, tant de nations exterminées, tant de millions de peuples passés au fil de l'épée.» M. de Montaigne :
   A. Hyperbole
   B. Anaphore
   C. Gradation

965. «Les arbres font le gros dos sous la pluie.» J. Renard :
   A. Métaphore
   B. Personnification
   C. Euphémisme

966. «Vous êtes aujourd'hui ce qu'autrefois je fus.» P. Corneille, *Le Cid* :
   A. Métaphore
   B. Chiasme
   C. Antiphrase

967. «Il pleure dans mon cœur
      Comme il pleut sur la ville» P. Verlaine :
   A. Métaphore
   B. Comparaison
   C. Personnification

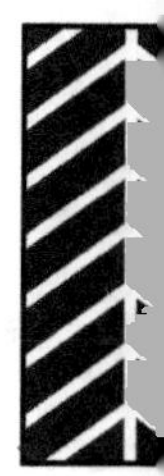

968. «Les trompettes, les fifres, les hautbois, les tambours, les canons, formaient une harmonie telle qu'il n'y en eut jamais en enfer.» Voltaire, *Candide* :
  A. Gradation
  B. Énumération
  C. Anaphore

969. «J'ai des fourmis dans mon épée ! s'exclame Cyrano.» E. Rostand :
  A. Hyperbole
  B. Personnification
  C. Oxymore

970. «Le monocle du général, resté entre ses paupières, comme un éclat d'obus dans sa figure vulgaire.» M. Proust, *Du côté de chez Swann* :
  A. Métaphore
  B. Comparaison
  C. Personnification

971. «Ça dure bien toute une nuit à brûler, un village, même un petit, à la fin, on dirait une fleur énorme, puis rien qu'un bouton, puis plus rien.» Céline, *Voyage au bout de la nuit* :
  A. Énumération
  B. Gradation
  C. Métaphore

972. «Rome, l'unique objet de mon ressentiment !
  Rome, à qui vient ton bras d'immoler mon amant !
  Rome, qui t'a vu naître, et que ton cœur adore !
  Rome enfin que je hais parce qu'elle t'honore !» P. Corneille :
  A. Métaphore
  B. Énumération
  C. Anaphore
  D. Hyperbole

973. «Une orgueilleuse faiblesse.» P. Corneille :

A. Antithèse
B. Oxymore
C. Antiphrase

974. «Ô mes frères dans les prisons vous êtes libres.» P. Emmanuel :
A. Personnification
B. Antithèse
C. Périphrase

975. «C'est un roc ! ... c'est un pic... c'est un cap !
Que dis-je, c'est un cap ? ... c'est une péninsule !»
E. Rostand, *Cyrano de Bergerac* :
A. Anaphore
B. Gradation
C. Oxymore

976. «Un jour,
Un jour, bientôt peut-être.
Un jour j'arracherai l'ancre qui tient mon na-
vire loin des mers.» H. Michaux :
A. Gradation
B. Énumération
C. Anaphore

977. «Cette petite grande âme.» V. Hugo :
A. Antithèse
B. Oxymore
C. Euphémisme

978. «À vaincre sans péril, on triomphe sans gloire.» P. Corneille :
A. Antithèse
B. Chiasme
C. Oxymore

979. «Il y aura des fleurs tant que vous en voudrez
Il y aura des fleurs couleur de l'avenir.» L. Aragon :
A. Anaphore
B. Métaphore

C. Énumération

980. «Je n'ai jamais vu un enfant sans penser qu'il deviendrait vieil-
       lard, ni un berceau sans songer à une tombe.» G.Flaubert :
A. Litote
B. Métaphore
C. Antithèse

981. «Et cette terre était proche, et elle lui apparaissait comme un
       bouclier sur la mer sombre.» Homère, *L'Odyssée* :
A. Métaphore
B. Comparaison
C. Hyperbole

982. «Vingt et trois qui donnaient le cœur avant le temps
       Vingt et trois étrangers et nos frères pourtant
       Vingt et trois amoureux de vivre à en mourir.» L. Aragon :
A. Hyperbole
B. Anaphore
C. Métaphore

983. «Mêmes cris pour la mort et pour l'enfantement.» L. Aragon :
A. Métaphore
B. Antithèse
C. Métonymie

984. «La tortue se hâte lentement.» J. de La Fontaine :
A. Personnification
B. Hyperbole
C. Oxymore

985. «Je sais que c'est la coutume d'adorer ces nains géants.» V.
       Hugo :
A. Antiphrase
B. Oxymore
C. Métonymie

Littérature

986. «Oh ! si gai, que j'ai peur d'éclater en sanglots.» E. Nelligan :
  A. Oxymore
  B. Antithèse
  C. Chiasme

987. «J'ai vécu dans une libre servitude.» Montesquieu :
  A. Hyperbole
  B. Oxymore
  C. Antithèse

988. «Mon père avait sa mère, ma mère avait son père.» S. Guitry :
  A. Métaphore
  B. Gradation
  C. Chiasme
  D. Oxymore

989. À l'origine le terme roman désigne :
  A. Des récits racontés en langue romane
  B. Des récits d'aventures
  C. Des récits mêlant le réel et l'imaginaire

990. À quelle époque apparaît le roman ?
  A. À l'Antiquité
  B. Au Moyen-Âge
  C. Au XIIᵉ siècle

991. Quelles sont les grandes étapes du roman ?
  A. Nouveau roman, roman courtois, roman réaliste
  B. Roman courtois, roman réaliste, nouveau roman
  C. Roman réaliste, roman courtois, nouveau roman

992. À quelle période le roman devient-il une œuvre fictive écrite
  en prose ?
  A. Au XIIᵉ siècle
  B. Au XXᵉ siècle
  C. Au XVIᵉ siècle

993. Le nouveau roman fut initié par :
   A. Honoré de Balzac
   B. Nathalie Sarraute
   C. Gustave Flaubert

994. Quelle œuvre est considérée comme le premier roman moderne ?
   A. Robinson Crusoé
   B. La Princesse de Clèves
   C. Les Liaisons dangereuses

995. Quel est l'âge d'or du roman .
   A. Le XVIIe siècle
   B. Le XVIIIe siècle
   C. Le XIXe siècle

996. Au XIXe siècle le roman devient le miroir de la société :
   A. Vrai
   B. Faux

997. L'adolescence est un sujet qui est apparu dans le roman au :
   A. XVIe siècle
   B. XVIIIe siècle
   C. XIXe siècle

998. Qu'est-ce qu'une dystopie ?
   A. Un roman de science-fiction
   B. Un conte merveilleux
   C. Une nouvelle fantastique

999. La dystopie présente notre société contemporaine comme :
   A. Géniale
   B. Inquiétante
   C. Absurde

1000. La dystopie est-elle le contraire de l'utopie ?
   A. Oui
   B. Non

1001. Parmi ces romans lequel n'est pas une dystopie ?
    A. Germinal d'Émile Zola
    B. Le Meilleur des mondes d'Aldous Huxley
    C. 1984 de Georges Orwell

1002. À l'origine le conte était un genre :
    A. Oral
    B. Verbal
    C. Écrit

1003. La situation initiale, l'élément perturbateur, les péripéties, l'élément de résolution et la situation finale caractérisent :
    A. Le schéma narratif
    B. Le schéma argumentatif
    C. Le schéma indirect

1004. Le conte de fées est également appelé :
    A. Conte des princes et princesses
    B. Conte merveilleux
    C. Conte fantastique

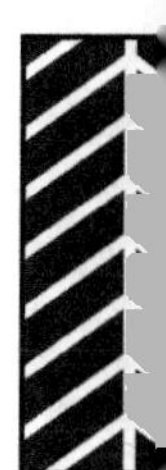

1005. Une critique moqueuse, d'une société, d'une personne ou d'une attitude est une :
    A. Fable
    B. Satire
    C. Apologie

1006. André Gide disait qu'elle est faite «pour être lue d'un coup, en une fois.», il évoquait :
    A. La poésie
    B. La nouvelle
    C. La fable

1007. Parmi ces fins possibles laquelle ne peut être celle d'une nouvelle ?
    A. La fin ouverte
    B. La fin fermée

    C. La fin entrouverte
    D. La chute

1008. Dans une nouvelle, une fin fermée est :
    A. Un élément surprenant qui renverse la situation
    B. Une fin où le sort des protagonistes est définitif
    C. Une fin laissée à l'imagination du lecteur

1009. Une nouvelle ne peut pas être :
    A. Policière
    B. Réaliste
    C. Fantastique
    D. Merveilleuse

1010. Le conte philosophique est-il un conte de fées ?
    A. Oui
    B. Non

1011. Un conte philosophique peut-il être une nouvelle ?
    A. Oui
    B. Non

1012. Parmi ces auteurs lequel n'a pas écrit de conte philosophique ?
    A. Voltaire
    B. Diderot
    C. Victor Hugo

1013. À quelle période la littérature fantastique prend-elle son essor ?
    A. XVIIIe siècle
    B. XIXe siècle
    C. XXe siècle

1014. Parmi ces auteurs lequel ne s'est pas illustré dans le genre fantastique ?
    A. Charlotte Brönte
    B. Edgar Allan Poe
    C. Prosper Mérimée
    D. Guy de Maupassant

1015. Laquelle de ces œuvres n'a pas été écrite par Théophile Gautier ?
  A. Le Capitaine Fracasse
  B. Le Portrait Ovale
  C. Le Roman de La Momie

1016. Le terme "fable" vient du latin *fabula*, que signifie-t-il ?
  A. Fabuleux
  B. Histoire
  C. Affable

1017. La fable est apparue :
  A. À l'Antiquité
  B. Au Moyen-Âge
  C. Au XVe siècle

1018. Parmi ces propositions laquelle ne permet pas de caractériser une fable ?
  A. Récit bref
  B. Comporte généralement une morale
  C. Texte divertissant
  D. Histoire tirée de la mythologie

1019. Comment nomme-t-on l'auteur de la fable ?
  A. Un affabulateur
  B. Un fabuliste
  C. Un fabliau

1020. La fable est généralement écrite :
  A. En vers
  B. En prose

1021. La fable a pour fonction de :
  A. Divertir
  B. D'instruire
  C. Critiquer

1022. Parmi ces fables laquelle n'est pas de Jean de La Fontaine ?
   A. Le Lièvre et La Tortue
   B. Le Chêne et Le Rousseau
   C. Le Lion et Le Moucheron
   D. L'Aigle et Le Chapon

1023. Quelle est la figure de style la plus utilisée dans la fable ?
   A. La comparaison
   B. La personnification
   C. L'antithèse

1024. Le terme "autobiographie" est apparu au :
   A. XVIe siècle
   B. XXe siècle
   C. XIXe siècle
   D. XVIIIe siècle

1025. La première autobiographie moderne est :
   A. Les Confessions de Jean-Jacques Rousseau
   B. Les Mémoires d'Outre-Tombe de René de Chateaubriand
   C. Les Mots de Jean-Paul Sartre

1026. Qu'est-ce qu'une autobiographie ?
   A. Un poème
   B. Un roman retraçant la vie d'un personnage
   C. Un récit racontant la vie de l'auteur
   D. Une fable

1027. Parmi ces affirmations laquelle ne répond pas au besoin d'un auteur de rédiger son autobiographie ?
   A. Écrire pour laisser un témoignage
   B. Écrire pour s'analyser, mieux se connaître
   C. Écrire pour se justifier
   D. Écrire pour se faire oublier

1028. Dans une autobiographie les dates et les noms des lieux sont réels :

    A. Vrai
    B. Faux

1029. Dans son autobiographie, l'auteur s'engage à relater l'histoire de toute sa vie :
    A. Vrai
    B. Faux

1030. Un récit rétrospectif est :
    A. Un récit évoquant des faits passés
    B. Un récit intimiste
    C. Un récit hypothétique

1031. Les Mémoires sont une autobiographie :
    A. Vrai
    B. Faux

1032. Quelle est la particularité d'un journal intime ?
    A. L'auteur raconte son histoire au jour le jour
    B. L'auteur raconte ses souvenirs d'enfance
    C. L'auteur consigne une vision romanesque de sa vie

1033. Dans une autobiographie deux systèmes de temps coexistent :
    A. Le présent d'énonciation et les temps du passé
    B. Le présent de vérité générale et les temps du passé
    C. Le présent d'habitude et les temps du passé

1034. Dans les récits au passé, le passé simple sert à décrire :
    A. Les faits antérieurs aux faits du récit
    B. Les actions de premier plan
    C. Les actions de second plan

1035. Dans un récit autobiographique, les actions de second plan et les descriptions sont généralement écrites :
    A. Au passé composé
    B. Au plus-que-parfait
    C. À l'imparfait

1036. D'après vous, le livre intitulé «Autobiographie d'une Courgette de Gilles Paris», est :
   A. Une autobiographie
   B. Une biographie
   C. Une autofiction
   D. Une autobiographie fictive

1037. Un roman qui relate la vie d'un auteur en mêlant réel et fictif est :
   A. Un journal intime
   B. Un roman autobiographique
   C. Un mémoire

1038. Le roman d'Hervé Bazin intitulé *Vipère au Poing* est-il :
   A. Un roman autobiographique
   B. Un journal intime
   C. Une fable

1039. Un roman dont la part de fiction dépasse celle de l'autobiographie est :
   A. Un roman autobiographique
   B. Une autofiction
   C. Un roman de science-fiction

1040. Lequel de ces livres est un journal intime :
   A. Le Journal d'Anne Franck
   B. Les Confessions de Jean-Jacques Rousseau
   C. Mémoires d'Outre-Tombe de René de Chateaubriand

1041. Quel est l'intrus ?
   A. La Guerre des Gaules de César
   B. Le Livre de ma mère d'Albert Cohen
   C. La Promesse de l'aube de Romain Garry
   D. Le Colonel Chabert d'Honoré de Balzac

1042. Une autobiographie est, généralement, écrite à la 1ère personne du singulier :

A. Vrai
B. Faux

1043. Lorsqu'un récit est rédigé à la 1ère personne du singulier il s'agit toujours d'une autobiographie :
A. Vrai
B. Faux

1044. De quelle autobiographie Jean-Paul Sartre est-il l'auteur :
A. Les Mots
B. Les Genres
C. Les Rêves de mon Père

1045. Une autobiographie est-elle écrite en vers ou en prose ?
A. En vers
B. En prose

1046. Dans un récit autobiographique, l'auteur, le narrateur et le personnage principal sont la même personne :
A. Vrai
B. Faux

1047. Dans un récit autobiographique, l'auteur respecte toujours une chronologie :
A. Vrai
B. Faux

1048. Le passé simple est le temps qui est toujours employé dans le récit autobiographique :
A. Vrai
B. Faux

1049. Dans un récit autobiographique :
A. Le point de vue est interne
B. Le point de vue est externe
C. Le point de vue est omniscient

1050. Qu'est-ce que le pacte autobiographique ?

A. Un contrat que l'auteur passe avec son éditeur
B. Un contrat que l'auteur passe avec le lecteur
C. Un contrat que l'auteur passe avec lui même

1051. Qui est l'auteur du récit *Persépolis* ?
   A. Marjane Satrapi
   B. Jean-Jacques Rousseau
   C. Nathalie Sarraute

1052. Comment appelle-t-on une biographie dont le but est de dire du bien d'un mort ?
   A. Une apologie
   B. Des mémoires
   C. Un éloge

1053. Quel est l'intrus ?
   A. Se ressouvenir
   B. Se rappeler
   C. Révoquer
   D. Remémorer
   E. Revivre

1054. Que signifie le mot "mnémonique" ?
   A. C'est le contraire du mot souvenir
   B. En rapport avec la mémoire
   C. Une cérémonie destinée à rappeler le souvenir de quelque chose
   D. Ce qui a été gardé en mémoire

1055. Un souvenir plus vague, où les sentiments sont plus précis que les faits, c'est :
   A. Une réminiscence
   B. Un mémento
   C. Une régénérescence
   D. Un mémoire

1056. Parmi ces listes de verbe laquelle ne peut-on pas associer au mot souvenir ?

A. Éveiller, évoquer, communiquer, recueillir
B. Accumuler, collecter, renaître, revivre
C. Grandir, démissionner, décéder, partir

1057. Comment appelle-t-on une perte de mémoire ?
A. Une amnistie
B. Une amnésie
C. Une mnémonie

1058. Quel est l'intrus ?
A. Regarder, scruter, épier
B. Écouter, ouïr, chanter
C. Humer, respirer, se parfumer
D. Répliquer, répondre, riposter

1059. Quel genre poétique était à l'origine chanté ?
A. La poésie lyrique
B. La poésie contemporaine
C. La poésie engagée

1060. Il est considéré comme le père spirituel de tous les poètes :
A. Œdipe
B. Orphée
C. Apollon

1061. Par l'expression de sentiments intimes et personnels, elle transmet ses émotions au lecteur :
A. La poésie engagée
B. La poésie lyrique
C. La poésie satirique

1062. À quel siècle la poésie engagée apparaît-elle :
A. Au XVIIIe siècle
B. Au XIXe siècle
C. Au XXe siècle

1063. Quelles sont les caractéristiques de la poésie engagée ?

A. Elle soutient une cause politique ou culturelle
B. Elle abandonne les contraintes formelles de la poésie classique
C. Elle critique les vices et les aspects ridicules des hommes

1064. Quels sont les thèmes majeurs de la poésie engagée ?
A. L'amour et la nature
B. La révolte et le combat
C. Le rêve et le surnaturel

1065. Dans son recueil intitulé *Calligrammes*, Guillaume Apollinaire dénonce les horreurs :
A. De la guerre froide
B. De la Première Guerre mondiale
C. De la révolution de 1848

1066. Quel auteur est connu pour ses poèmes anticolonialiste ?
A. Robert Desnos
B. Aimé Césaire
C. Paul Eluard

1067. L'hymne de la résistance *Le chant des partisans* a été écrit en 1943 par :
A. Louis Aragon et Boris Vian
B. Paul Eluard et René Char
C. Joseph Kessel et Maurice Druon

1068. Quel auteur est célèbre pour ses poésies lyriques ?
A. Louis Aragon
B. Paul Verlaine
C. Paul Eluard

1069. Parmi ces auteurs lequel n'est pas un poète engagé ?
A. Boris Vian
B. Robert Desnos
C. Guillaume Apollinaire

1070. Qui fut l'initiateur du poème en prose ?

Littérature

   A. Guillaume Apollinaire
   B. Aloysius Bertrand
   C. Charles Baudelaire

1071. En poésie, le mètre est :
   A. La longueur du poème
   B. Le décompte des syllabes d'un vers
   C. L'art d'écrire en vers

1072. Comment appelle-t-on un ensemble de vers ayant une unité de sens et des rimes ordonnées ?
   A. Une strophe
   B. Un sonnet
   C. Une ode

1073. Qu'appelle-t-on la versification ?
   A. Le nombre de syllabes présent dans un vers
   B. L'étude de la forme d'un poème
   C. Le nombre de vers dans une strophe

1074. Un poème lyrique qui s'apparente à une chanson est :
   A. Une ode
   B. Un quatrain
   C. Un sonnet

1075. Combien de strophes composent, en général, une ode ?
   A. 3
   B. 4
   C. 5

1076. La reprise d'un ou plusieurs sons en fin de vers est :
   A. Une ode
   B. Une rime
   C. Un alexandrin

1077. Qu'est-ce qu'un poème à forme fixe ?
   A. Un poème formé de 2 quatrains et 2 tercets
   B. Un poème qui obéit à des règles précises, non modifiables

   C. Un poème dont la disposition forme un dessin

1078. Un poème dont les vers sont repris d'une strophe à l'autre selon deux schémas précis est :
- A. Un sonnet
- B. Un calligramme
- C. Un pantoum

1079. Quelles sont les caractéristiques d'un sonnet ?
- A. Il comporte 12 vers en 3 strophes
- B. Il comporte 14 vers en 4 strophes
- C. Il comporte 16 vers en 4 strophes

1080. Le sonnet est un poème à forme fixe :
- A. Vrai
- B. Faux

1081. Quelle forme de poème présente une alternance des thèmes ?
- A. Le pantoum
- B. Le sonnet
- C. Une ode

1082. Qu'appelle-t-on un poème en vers libres ?
- A. Un poème dont les vers sont en prose
- B. Un poème dont les mètres sont inégaux
- C. Un poème dont les vers sont repris d'une strophe à l'autre

1083. Quel est l'intrus ?
- A. L'ode
- B. Le sonnet
- C. Le rondeau
- D. L'acrostiche

1084. Dans un sonnet les rimes respectent le schéma :
- A. ABAB – ABAB – CCD – EED
- B. ABBA – ABBA – CCD – EED
- C. AABB – AABB – CCD – EED

1085. Dans un pantoum les rimes sont :
   A. Uniquement féminines
   B. Uniquement masculines
   C. Alternativement masculines et féminines

1086. Un poème ou une strophe dont les initiales de chaque vers, lues dans le sens vertical, forment un mot est :
   A. Un rondeau
   B. Une ode
   C. Un acrostiche

1087. Un court poème à forme fixe, composé de 3 strophes sur 2 rimes est :
   A. Une ballade
   B. Un rondeau
   C. Une ode

1088. Un poème dont la disposition des mots sur la page forme un dessin est :
   A. Un pantoum
   B. Un calligramme
   C. Un haïku

1089. Qui est l'auteur du recueil *Calligrammes*, publié en 1925 ?
   A. Paul Verlaine
   B. Arthur Rimbaud
   C. Guillaume Apollinaire

1090. Comment appelle-t-on un vers qui compte 10 syllabes ?
   A. Un octosyllabe
   B. Un décasyllabe
   C. Un alexandrin

1091. L'alexandrin compte :
   A. 12 syllabes
   B. 10 syllabes
   C. 13 syllabes

1092. Un vers de 8 syllabes est un :
    A. Heptasyllabes
    B. Octosyllabe
    C. Hexasyllabe

1093. Un pentasyllabe est un vers de :
    A. Sept syllabes
    B. Cinq syllabes
    C. Trois syllabes

1094. Lors du décompte des syllabes le '*e*' muet est compté :
    A. Lorsqu'il se trouve à la fin du vers
    B. Lorsque le mot commence par une voyelle
    C. Lorsque le mot suivant commence par une consonne

1095. La prononciation séparée de 2 syllabes habituellement confondues est :
    A. La synérèse
    B. La diérèse

1096. «Demain, dès l'aube, à l'heure où blanchit la campagne...» V. Hugo, ce vers compte :
    A. 10 syllabes
    B. 12 syllabes
    C. 13 syllabes

1097. «Il pleure sur mon cœur...» P. Verlaine, ce vers compte :
    A. 6 syllabes
    B. 5 syllabes
    C. 7 syllabes

1098. Parmi ces vers lequel contient un '*e*' muet qui compte pour une syllabe ?
    A. «Je suis belle, ô mortels ! Comme un rêve de pierre...»
    B. «Je sais bien que je fais ce que je ne dois faire...»
    C. «Que je ne puis la voir sans voir ce qui me tue...»

1099. «Je fais souvent ce rêve étrange et pénétrant.» P. Verlaine :
   A. 11 syllabes
   B. 12 syllabes
   C. 13 syllabes

1100. «Frères humains qui après nous vivez…» F. Villon :
   A. 9 syllabes
   B. 10 syllabes
   C. 11 syllabes

1101. «Dedans Paris, ville jolie.» C. Marot :
   A. 11 syllabes
   B. 9 syllabes
   C. 10 syllabes

1102. Un quatrain est :
   A. Un vers qui compte 4 syllabes
   B. Une strophe de 4 vers
   C. Une strophe aux rimes embrassées

1103. Une strophe de 5 vers est :
   A. Un quintil
   B. Un sizain
   C. Un tercet

1104. Une strophe de 2 vers est :
   A. Un diptyque
   B. Un distique
   C. Une diérèse

1105. Lorsqu'une phrase se poursuit sur plusieurs vers entiers, c'est :
   A. Un rejet
   B. Un acrostiche
   C. Un enjambement

1106. Qu'est-ce qu'un rejet ?
   A. Lorsque les rimes ne suivent plus le même rythme

B.   Lorsque l'enjambement est très bref
C.   Lorsque la phrase commencée à la fin d'un vers ne se développe pas au vers suivant

1107. Lorsqu'une proposition commence avec les derniers mots du vers précédent, il s'agit :
A.   D'un contre-rejet
B.   D'un faux-bond
C.   D'un contre-pied

1108. «Souvenir, souvenir que me veux-tu ? L'automne
Faisait voler la grive à travers l'air atone.»
P. Verlaine, ces vers présentent :
A.   Un rejet
B.   Un contre-rejet

1109. «Je cognai sur ma vitre ; il s'arrêta devant
Ma porte, que j'ouvris d'une façon civile.»
V. Hugo, ces vers présentent :
A.   Un rejet
B.   Un contre-rejet

1110. «J'ai vu des archipels sidéraux ! et des îles
Dont les cieux délirants sont ouverts au vogueur:»
A. Rimbaud, ces vers présentent :
A.   Un rejet
B.   Un contre-rejet

1111. «L'eau verte pénétra ma coque de sapin
Et des taches de vins bleus et des vomissures
Me lava, dispersant gouvernail et grappin.»
A. Rimbaud, ces vers présentent :
A.   Un rejet
B.   Un contre-rejet

1112. «Nous avons aperçu les grands ongles marqués
Par les loups voyageurs que nous avions traqués.»
A. de Vigny, ces vers présentent :

   A. Un enjambement
   B. Un rejet
   C. Un contre-rejet

1113. «Même, il m'est arrivé quelques fois de manger
Le berger.»
J. de La Fontaine, ces vers présentent :
   A. Un rejet
   B. Un enjambement
   C. Un contre-rejet

1114. Des vers qui n'ont pas de coupes régulières, pas de rimes et un nombre irrégulier de syllabes sont des vers :
   A. Déserteurs
   B. Libres
   C. Révoltés

1115. La césure est :
   A. Une pause dans un vers
   B. La première strophe d'un sonnet
   C. Le dernier vers d'un poème

1116. Les rimes sont toujours de genre féminin :
   A. Vrai
   B. Faux

1117. Quel est l'intrus ?
   A. Rimes pauvres
   B. Rimes riches
   C. Rimes maigres
   D. Rimes suffisantes

1118. Lorsque deux sons sont en commun, c'est une rime :
   A. Pauvre
   B. Suffisante
   C. Riche

Dans cette fable de Jean de La Fontaine, indiquer si les rimes sont, suffisantes, riches ou pauvres :

1119. «La Cigale, ayant chanté
   Tout l'Été,» :
   A. Riches
   B. Pauvres
   C. Suffisantes

1120. «Se trouva fort dépourvue
   Quand la Bise fut venue» :
   A. Suffisantes
   B. Pauvres
   C. Riches

1121. «Pas un seul petit morceau
   De mouche ou de vermisseau.» :
   A. Pauvres
   B. Riches
   C. Suffisantes

1122. «Elle alla crier famine
   Chez la Fourmi sa voisine,» :
   A. Suffisantes
   B. Riches
   C. Pauvres

1123. «La Fourmi n'est pas prêteuse :
   (…) Dit-elle à cette emprunteuse.» :
   A. Riches
   B. Pauvres
   C. Suffisantes

1124. «Je chantais, ne vous déplaise.
   – Vous chantiez ? J'en suis fort aise.» :
   A. Suffisantes
   B. Riches
   C. Pauvres

1125. «– Nuit et jour à tout venant (…)
   Eh bien ! dansez maintenant.» :
   A. Riches
   B. Suffisantes
   C. Pauvres

1126. Un poème peut présenter plusieurs schémas de rimes :
   A. Vrai
   B. Faux

1127. Les rimes ne peuvent être :
   A. Suivies
   B. Croisées
   C. Embrassées
   D. Seules

1128. Comment appelle-t-on les rimes qui suivent le schéma ABBA ?
   A. Suivies
   B. Embrassées
   C. Croisées

1129. Les rimes croisées sont celles qui suivent le schéma :
   A. ABAB
   B. ABBA
   C. AABB

1130. Les rimes suivies (ou plates) respectent le schéma :
   A. ABAB
   B. AABB
   C. ABBA

Dans les extraits suivants, indiquer si les rimes sont suivies, croisées ou embrassées :

1131. «Que savons-nous de plus ? … et la sagesse humaine,
   Qu'a-t-elle découvert de plus en son domaine ?
   Sur ce large univers elle a, dit-on, marché ;

Et voilà cinq mille ans qu'elle a toujours cherché !»
A. de Musset :
- A. Suivies
- B. Croisées
- C. Embrassées

1132. «Aimons toujours ! Aimons encore ! Quand l'amour s'en va,
l'espoir fuit.
L'amour c'est le cri de l'aurore,
L'amour c'est l'hymne de la nuit.»
V. Hugo :
- A. Suivies
- B. Croisées
- C. Embrassées

1133. «Dans cette grande plaine où l'autan froid se joue,
Où par les longues nuits la girouette s'enroue,
Mon âme mieux qu'au temps du tiède renouveau,
Ouvrira largement ses ailes de corbeau.»
C. Baudelaire :
- A. Suivies
- B. Croisées
- C. Embrassées

1134. «L'heure de ma mort, depuis dix-huit mois,
De tous les côtés sonne à mes oreilles,
Depuis dix-huit mois d'ennuis et de veilles,
Partout je la sens, partout je la vois.»
A. de Musset :
- A. Suivies
- B. Croisées
- C. Embrassées

1135. «Dans la plaine les baladins
S'éloignent au long des jardins
Devant l'huis des auberges grises
Par les villages sans églises»
G. Apollinaire :

- A. Suivies
- B. Croisées
- C. Embrassées

1136. La répétition d'un son dû à la présence d'une consonne est :
- A. La discordance
- B. L'allitération
- C. La synérèse

1137. La répétition d'un son vocalique est :
- A. La discordance
- B. Le hiatus
- C. L'assonance

1138. «Pour qui sont ces serpents qui sifflent sur vos têtes ?»
J. Racine. Ce vers présente :
- A. Une assonance
- B. Une allitération
- C. Une discordance

1139. «Tout m'afflige et me nuit et conspire à me nuire.»
J. Racine. Ce vers présente :
- A. Une assonance
- B. Une allitération
- C. Une discordance

1140. «Qui te rend si hardi de troubler mon breuvage
Dit cet animal plein de rage
Tu seras châtié de ta témérité...»
J. de La Fontaine. Cet extrait présente :
- A. Une assonance
- B. Une allitération
- C. Une discordance

1141. «Je fais souvent ce rêve étrange et pénétrant
D'une femme inconnue, et que j'aime, et qui m'aime
Et qui n'est, chaque fois, ni tout à fait la même
Ni tout à fait une autre, et m'aime et me comprend...»

P. Verlaine. Cet extrait présente :
A. Une assonance
B. Une allitération
C. Une discordance

1142. Comment nomme-t-on le discours tenu par l'un des personnages à l'intention du public et que les autres personnages sur scène ne doivent pas entendre ?
A. Un aparté
B. Un dénouement
C. Un monologue

1143. Je suis la combinaison de tous les événements qui forment le sujet d'une pièce :
A. Un dramaturge
B. Une intrigue
C. Une tirade

1144. Comment nomme-t-on le bâtiment qui bénéficie d'équipements techniques perfectionnés pour interpréter une pièce ?
A. La scène
B. Le plateau
C. Le théâtre

1145. Comment appelle-t-on la partie du texte théâtral constitué par tout ce qui n'est pas dit par les acteurs ?
A. Une réplique
B. Un aparté
C. Une didascalie

1146. Comment appelle-t-on une pièce de théâtre, destinée à émouvoir le spectateur, où il est question de vie ou de mort ?
A. Une farce
B. Une tragédie
C. Une comédie

1147. Comment appelle-t-on une pièce de théâtre mettant en avant

les aspects ridicules d'une personne ou d'une société dans le but
d'amuser les spectateurs ?
A. Une comédie
B. Une tyrannie
C. Une tragédie

1148. Comment appelle-t-on le discours qu'un personnage se tient à
lui même, seul en scène ?
A. Un monologue
B. Une tirade
C. Un aparté

1149. Le monologue c'est :
A. Une tirade
B. Une réplique

1150. De quelle pièce est tiré ce monologue très célèbre :
«Ô rage ! Ô désespoir ! Ô vieillesse ennemie !
N'ai-je donc tant vécu que pour cette infamie !» ?
A. Le Cid de Pierre Corneille
B. Phèdre de Jean Racine
C. Antigone de Jean Anouilh

1151. De quelle pièce cette réplique est-elle tirée ?
«Couvrez ce sein, que je ne saurais voir.
Par de pareils objets les âmes sont blessées,
Et cela fait venir de coupables pensées.»
A. Le cid
B. Le Tartuffe
C. Phèdre

1152. Cette réplique est tirée du Cid de Corneille :
«Nous partîmes cinq cents ; mais par un prompt renfort,
Nous nous vîmes trois mille en arrivant au port,
Tant, à nous voir marcher avec un tel visage,
Les plus épouvantés reprenaient de courage !»
A. Vrai
B. Faux

1153. Comment appelle-t-on, en théâtre, chaque prise de parole que les comédiens s'échangent entre eux ?
 A. Une tirade
 B. Une réplique
 C. Un monologue

1154. Comment appelle-t-on, dans une pièce de théâtre, une longue suite de phrases qu'un acteur dit sans interruption ?
 A. Une réplique
 B. Un monologue
 C. Une tirade

1155. L'ensemble des paroles échangées entre les acteurs est ?
 A. Une réplique
 B. Un dialogue
 C. Une tirade

1156. Qu'est-ce que le coup de théâtre ?
 A. Un événement imprévu, survenant au cours d'une pièce de théâtre qui marque un changement soudain dans l'action
 B. Le temps qui sépare un acte du suivant
 C. La première scène d'une pièce de théâtre

1157. Je suis la première scène d'une pièce de théâtre :
 A. L'entracte
 B. L'exposition
 C. Le dénouement.

1158. Comment nomme-t-on le moment où la pièce s'achève ?
 A. Le dénouement
 B. L'aparté
 C. La didascalie

1159. Je suis une grande division d'une pièce qui correspond à un moment de l'action :
 A. Une scène
 B. Un acte
 C. Une exposition

Littérature

1160. Comment nomme-t-on la division d'un acte entre l'entrée et la sortie d'un personnage ?
A. Une scène
B. Un aparté
C. Un entracte

1161. L'auteur de pièces de théâtre est appelé un dramaturge :
A. Vrai
B. Faux

1162. Qu'est ce que la mise en scène ?
A. L'art de faire représenter une pièce de théâtre par des comédiens, de les guider dans leur jeu et de décider des décors, costumes, etc.
B. Le choix du plateau où la pièce va être jouée
C. La combinaison de tous les événements qui forment le sujet d'une pièce

1163. Le metteur en scène est obligé de suivre les indications de l'auteur
A. Vrai
B. Faux

1164. Le dénouement d'une comédie est :
A. Heureux
B. Triste
C. Les deux

1165. Le dénouement d'une tragédie est :
A. Heureux
B. Triste
C. Les deux

1166. Le dénouement d'un drame est :
A. Heureux
B. Triste
C. Les deux

1167. Les personnages de la comédie appartiennent toujours à la noblesse :
   A. Vrai
   B. Faux

1168. La règle des trois unités est :
   A. Unité de temps - unité de lieu - unité d'action
   B. Unité de ton - unité de temps - unité d'action
   C. Unité d'action - unité de lieu - unité de ton

1169. Les thèmes principaux de la comédie sont inspirés :
   A. De la vie quotidienne
   B. D'un fait historique
   C. De la mythologie

1170. La comédie a une vocation morale :
   A. Vrai
   B. Faux

1171. Quel procédé comique est utilisé dans cet extrait de l'*Avare* de Molière ?
   «Cléante – Vous êtes résolu, dîtes-vous… ?
   Harpagon – D'épouser Marianne.
   Cléante – QUI, vous ? vous ?
   Harpagon-Oui, moi, moi, moi.»
   A. Comique de mots
   B. Comique de gestes
   C. Comique de situation
   D. Comique de caractère

1172. Comment le changement d'acte se manifeste-t-il ?
   A. Un entracte
   B. Le tombé de rideau
   C. Le changement de tous les personnages
   D. Un air de musique

1173. Le théâtre de l'absurde est un genre tragique :

A. Vrai
B. Faux

1174. Comment nomme-t-on l'intervalle entre deux actes d'une pièce ?
A. L'entracte
B. Le levé de rideau
C. L'épilogue

1175. Dans une pièce de théâtre on appelle le Nœud le point culminant de l'intrigue dramatique :
A. Vrai
B. Faux

1176. Je suis un événement inattendu qui modifie et fait évoluer l'intrigue dramatique :
A. Une péripétie
B. Une intrigue
C. Un coup de théâtre

1177. Je suis une forme basse de la comédie :
A. Une tragédie
B. Une farce
C. Le théâtre de l'absurde

1178. La Commedia dell'arte est une forme de théâtre pratiquée par des comédiens italiens professionnels :
A. Faux
B. Vrai

1179. Comment se nomme la partie de la scène en avant du rideau ?
A. L'avant-scène
B. La rampe
C. Le cadre de scène

1180. Je suis une personne inattendue qui intervient à la fin d'une pièce et qui permet le dénouement :
A. Deus ex machina

   B. In media res
   C. Zeus ex Machina

1181. Quels sont les principaux procédés comiques ?
   A. Comique de situation - comique de geste - comique de mots - comique de caractère
   B. Comique de situation - comique de farce - comique de répétition - comique de caractère

1182. Quel procédé comique repose sur le jeu du comédien ?
   A. Le comique de mots
   B. Le comique de geste
   C. Le comique de situation

1183. Dans cet extrait de l'Avare, quel est le procédé comique utilisé : «Rends-moi mon argent, coquin… (Il se prend lui-même le bras) Ah ! C'est moi.»
   A. Comique de caractère
   B. Comique de gestes
   C. Comique de mots

1184. Comment appelle-t-on la situation dans laquelle les personnages dialoguent, mais ne parlent pas de la même chose ?
   A. Un guet a pan
   B. Un quiproquo
   C. Un parti-pris

1185. Je suis une pièce tragique dont le dénouement permet une lueur d'espoir :
   A. Une tragi-comédie
   B. Une commedia dell'arte
   C. Une tragédie

1186. Qu'est-ce le prologue ?
   A. Le discours à la fin de la pièce qui résume l'intrigue
   B. Un spectacle qui repose sur le jeu de mime
   C. La dernière partie d'une pièce tragique
   D. La première scène d'une pièce qui sert d'introduction

1187. Jean Anouilh, avec Antigone, réadapte une pièce antique écrite
      par :
  A. Sophocle
  B. Aristophane
  C. Euripide
  D. Pierre Corneille

1188. Antigone est inspirée par le mythe d'Œdipe :
  A. Vrai
  B. Faux

1189. À quel genre théâtral la pièce de Jean Anouilh Antigone appar-
      tient-elle :
  A. La comédie
  B. La tragédie
  C. La tragi-comédie

1190. Jean Anouilh écrit Antigone lors d'un conflit majeur, lequel ?
  A. La Première Guerre mondiale
  B. La Seconde Guerre mondiale
  C. La Révolution française

1191. Dans la pièce de Jean Anouilh, le personnage d'Antigone est
      une allégorie :
  A. De la résistance
  B. De l'adolescence
  C. De l'obéissance

1192. Antigone est-elle écrite en vers ou en prose ?
  A. En vers
  B. En prose

1193. Cet extrait tiré d'*Andromaque* de Racine est-il une réplique, un
      aparté ou une tirade ?
      «Pylade : Eh quoi ! Vous l'ignoriez ?
      En rentrant dans ces lieux nous l'avons rencontrée,
      Qui courait vers le temple, inquiète, égarée.
      Elle a trouvé Pyrrhus porté sur des soldats,

Que son sang excitait à venger son trépas.
Sans doute à cet objet sa rage s'est émue.
Mais du haut de la porte enfin nous l'avons vue,
Un poignard à la main, sur Pyrrhus se courber,
Lever les yeux au ciel, se frapper et tomber.»
A. Une tirade
B. Une réplique
C. Un aparté

1194. Cet extrait appartient-il à la comédie ou à la tragédie ?
A. Tragédie
B. Comédie

1195. Cet extrait de *Dom Juan* de Molière est-il une tirade, un aparté ou une réplique ?
« Dom Juan : Quoi ? Tu veux qu'on se lie à demeurer au premier objet qui nous prend, qu'on renonce au monde pour lui, et qu'on n'ait plus d'yeux pour personne ? La belle chose de vouloir se piquer d'un faux honneur d'être fidèle, de s'ensevelir pour toujours dans une passion, et d'être mort dès sa jeunesse à toutes les autres beautés qui nous peuvent frapper les yeux ! Non, non : la constance n'est bonne que pour des ridicules; toutes les belles ont droit de nous charmer, et l'avantage d'être rencontrée la première ne doit point dérober aux autres les justes prétentions qu'elles ont toutes sur nos cœurs.»
A. Une tirade
B. Une réplique
C. Un aparté

1196. Cet extrait tiré d'*Antigone* de Jean Anouilh est-il une tirade, un aparté ou une didascalie ?
«Un décor neutre. Trois portes semblables. Au lever du rideau, tous les personnages sont en scène. Ils bavardent, tricotent, jouent aux cartes.
Le Prologue se détache et s'avance.»
A. Une tirade
B. Une didascalie
C. Un aparté

Littérature

1197. Dans cet extrait des *Fourberies de Scapin* de Molière la réplique
d'Argante est-elle un aparté, une didascalie ou un monologue ?

«ARGANTE, se croyant seul.
A-t-on jamais ouï parler d'une action pareille à celle-là ?
SCAPIN Il a déjà appris l'affaire, et elle lui tient si fort en tête
que tout seul il en parle haut.
ARGANTE, se croyant seul.
Voilà une témérité bien grande !
SCAPIN Écoutons-le un peu.
ARGANTE, se croyant seul.
Je voudrais savoir ce qu'ils me pour-
ront dire sur ce beau mariage.» :
   A. Un monologue
   B. Une didascalie
   C. Un aparté

Les extraits suivants tirés du *Mariage de Figaro* **de** Beaumarchais**, sont-ils
des répliques, des tirades, des apartés ou des didascalies ?**

1198. «BAZILE. L'ai-je inventé ? Je le dis, parce que tout le monde en
parle.» :
   A. Une didascalie
   B. Une tirade
   C. Une réplique
   D. Un aparté

1199. «CHÉRUBIN, à part. Après les scènes d'hier et de ce matin, il me
tuerait sur la place !» :
   A. Une didascalie
   B. Une tirade
   C. Une réplique
   D. Un aparté

1200. «Il court au cabinet de toilette, y entre, et tire la porte sur lui.» :
   A. Une réplique
   B. Un aparté

C. Une didascalie
D. Une tirade

1201. «LA COMTESSE. Je... je n'ai rien entendu, pour moi.» :
A. Une réplique
B. Une didascalie
C. Une tirade
D. Un aparté

1202. « FIGARO. J'étais dans la chambre des femmes, en veste blanche : il fait un chaud ?... J'attendais là ma Suzannette, quand j'ai oui tout à coup la voix de Monseigneur et le grand bruit qui se faisait ! je ne sais quelle crainte m'a saisi à l'occasion de ce billet ; et, s'il faut avouer ma bêtise, j'ai sauté sans réflexion sur les couches, où je me suis même un peu foulé le pied droit.» :
A. Une réplique
B. Une didascalie
C. Une tirade
D. Un aparté

1203. Combien d'actes comporte généralement le théâtre classique ?
A. 3
B. 4
C. 5

1204. Quel événement marque chaque scène ?
A. Un changement de décor
B. L'entrée ou la sortie d'un personnage
C. Le tombé de rideau

1205. Une pièce de théâtre qui raconte l'histoire d'une pièce de théâtre, est :
A. Une mise en abyme
B. Une mise en forme
C. Une mise en scène

1206. Quel est l'intrus ?

A. Le décor
B. La musique
C. Les costumes
D. Les dialogues

1207. La tragédie est-elle écrite en vers ou en prose ?
A. En vers
B. En prose

1208. Les personnages de la tragédie appartiennent-ils :
A. À la noblesse
B. À la bourgeoisie
C. Au peuple

1209. Les sujets de la tragédie traitent :
A. Des mythes et légendes
B. De sujets d'actualités
C. Du quotidien

1210. Dans la tragédie le personnage doit faire face à :
A. Un fantôme
B. Un dilemme
C. Un problème d'argent

1211. Parmi ces thèmes lequel n'est pas traité dans la tragédie ?
A. L'amour
B. La fatalité
C. L'honneur
D. Les défauts du genre humain

1212. Quelles réactions la tragédie veut-elle susciter chez le specta-
teur ?
A. La pitié et la crainte
B. Le rire
C. L'ennui

1213. La règle des trois unités est présente dans :

    A. La comédie
    B. La tragédie
    C. Les deux

1214. Dans le théâtre classique la règle de bienséance c'est :
    A. L'absence de scène choquante sur scène
    B. L'uniformité des costumes
    C. Le salut des comédiens à la fin de la pièce

1215. Dans le théâtre classique, le respect du dénouement heureux dans une comédie et du dénouement tragique dans une tragédie se nomme :
    A. La règle des genres
    B. La règle du temps
    C. La règle d'antan

1216. À quelle époque la tragédie est-elle apparue ?
    A. Antiquité
    B. Moyen-Âge
    C. Renaissance
    D. XXe siècle

1217. Quel est l'objectif du drame ?
    A. Faire la morale
    B. Faire rire
    C. Faire pleurer

1218. Quelle est la bonne orthographe ?
    A. William Shakaespere
    B. William Shakespeare
    C. William Shakeaspere

1219. William Shakespeare est contemporain de Pierre Corneille :
    A. Vrai
    B. Faux

1220. Chercher l'intrus :

A. Roméo et Juliette
B. Hamlet
C. Andromaque
D. Othello

1221. Les pièces d'Eugène Ionesco, *Rhinocéros* et *La Cantatrice Chauve*
appartiennent au :
A. Théâtre engagé
B. Théâtre de l'absurde
C. Théâtre romantique
D. Théâtre censuré

1222. Que désignent les chiffres dans une pièce de théâtre, Exemple:
Rodrigue III, 2 ?
A. L'acte et la scène
B. La scène et l'acte
C. La date et le nombre de personnages

1223. Qui suis-je ? Je suis un genre théâtral en totale rupture avec des
genres classiques. Je dénonce une existence dénuée de sens et
mets en scène la déraison du monde dans laquelle l'humanité
se perd.
A. Le théâtre de l'absurde
B. Le théâtre engagé
C. Le théâtre censuré

1224. À quelle période le théâtre de l'absurde est-il apparu ?
A. À l'Antiquité
B. À la Renaissance
C. Après la Seconde Guerre Mondiale

1225. Qui est l'auteur de la pièce intitulée «En attendant Godot» ?
A. Samuel Beckett
B. Eugène Ionesco
C. Vaclav Havel

1226. Eugène Ionesco est un auteur :
A. Du XXe siècle

B. Du XIXe siècle
C. Du XVIIIe siècle

1227. Quel genre théâtral né au XXe siècle dénonce des problèmes à forte résonance politique :
A. Le théâtre engagé
B. Le théâtre de l'absurde
C. Le théâtre antique

1228. L'interdiction décidée par le pouvoir politique ou religieux se nomme :
A. La censure
B. La césure
C. L'homologation

1229. Quel est le dénouement de l'intrigue dans *Roméo et Juliette* de William Shakespeare ?
A. Roméo et Juliette se marient
B. Roméo venge Juliette et se marie avec sa cousine
C. Roméo sauve Juliette
D. Roméo et Juliette meurent tous les deux

1230. Le romantisme est un courant littéraire apparu en Europe :
A. Au XVe siècle
B. Au XVIIe siècle
C. Au XVIIe siècle

1231. Parmi ces auteurs lequel est un précurseur du romantisme en France ?
A. René de Chateaubriand
B. Gustave Flaubert
C. Émile Zola

1232. Le romantisme est un mouvement en rupture avec :
A. Le réalisme
B. Le classicisme
C. Le naturalisme

Littérature

1233. Quel est l'auteur emblématique du romantisme :
   A. Stendhal
   B. Victor Hugo
   C. Émile Zola

1234. Laquelle des propositions suivantes ne caractérise pas le mouvement romantique ?
   A. Le désenchantement du monde
   B. La nature consolatrice
   C. L'exaltation du "moi"
   D. Le plaisir d'instruire

1235. Le héros romantique n'est pas :
   A. Isolé et insatisfait
   B. Voué au malheur
   C. Tourmenté et passionné
   D. En phase avec son époque

1236. Parmi les drames romantiques suivants, lequel n'a pas été écrit par Victor Hugo ?
   A. Lorenzaccio
   B. Ruy Blas
   C. Lucrèce Borgia

1237. Alphonse de Lamartine est un poète :
   A. Réaliste
   B. Romantique
   C. Classique

1238. Lequel de ces peintres est issu du mouvement romantique ?
   A. Eugène Delacroix
   B. Salvador Dali
   C. Gustave Courbet

1239. Le mouvement des lumières s'est développé en Europe :
   A. Au XVe siècle
   B. Au XVIIe siècle
   C. Au XVIIe siècle

Littérature

1240. Les philosophes des Lumières veulent :
- A. Combattre l'obscurantisme et développer les connaissances
- B. Imiter la nature, car elle est pure et objective
- C. Reproduire la réalité

1241. Quel auteur est emblématique des lumières ?
- A. Diderot
- B. Émile Zola
- C. Marcel Proust

1242. Le classicisme est un mouvement du :
- A. XVIe siècle
- B. XVIIe siècle
- C. XVIIIe siècle

1243. Dans quel genre le classicisme se manifeste le plus ?
- A. Le théâtre
- B. Le roman
- C. La poésie

1244. Le réalisme est un mouvement qui apparaît :
- A. Au XVIIIe siècle
- B. Au XIXe siècle
- C. Au XXe siècle

1245. Le mouvement réaliste est en réaction :
- A. Au romantisme
- B. Au classicisme
- C. Aux lumières

1246. Quel est le chef de file du mouvement réaliste ?
- A. Victor Hugo
- B. Stendhal
- C. Racine

1247. Parmi ces œuvres laquelle n'appartient pas au mouvement réaliste ?
- A. Germinal d'Émile Zola

B. Le Rouge et le Noir de Stendhal
C. La Princesse de Clèves de Madame de Lafayette

Dans les questions suivantes indiquer si les auteurs, principes et thèmes appartiennent au mouvement réaliste, romantique, des lumières ou classique :

1248. L'idéal esthétique et humain :
   A. Romantisme
   B. Classicisme
   C. Réalisme

1249. Le refus de la métaphysique et des dogmes religieux :
   A. Réalisme
   B. Lumières
   C. Romantisme

1250. Le désir d'évasion et l'attrait de la nature :
   A. Réalisme
   B. Romantisme
   C. Classicisme

1251. Combattre le fanatisme :
   A. Réalisme
   B. Lumières
   C. Romantisme

1252. La reproduction, la plus fidèle possible de la réalité :
   A. Classicisme
   B. Romantisme
   C. Réalisme

1253. L'expression des sentiments personnels :
   A. Lumières
   B. Réalisme
   C. Romantisme

1254. L'engagement politique :

   A. Réalisme
   B. Romantisme
   C. Classicisme

1255. L'amour impossible et/ou malheureux :
   A. Classicisme
   B. Romantisme
   C. Réalisme

1256. Voltaire :
   A. Classicisme
   B. Lumières
   C. Romantisme

1257. Montesquieu :
   A. Lumières
   B. Classicisme
   C. Romantisme

1258. Jean de La Fontaine :
   A. Classicisme
   B. Lumières
   C. Romantisme

1259. Alfred de Musset :
   A. Classicisme
   B. Romantisme
   C. Réalisme

1260. Stendhal :
   A. Réalisme
   B. Romantisme
   C. Classicisme

1261. Gustave Flaubert :
   A. Réalisme
   B. Lumières
   C. Romantisme

1262. Molière :
   A. Réalisme
   B. Romantisme
   C. Classicisme

1263. Alexandre Dumas :
   A. Réalisme
   B. Lumières
   C. Romantisme

1264. Jean-Jacques Rousseau :
   A. Classicisme
   B. Lumières
   C. Romantisme

1265. Honoré de Balzac :
   A. Réalisme
   B. Romantisme
   C. Classicisme

1266. Guy de Maupassant :
   A. Romantisme
   B. Réalisme
   C. Classicisme

1267. Émile Zola :
   A. Réalisme
   B. Lumières
   C. Romantisme

1268. Alphonse de Lamartine :
   A. Réalisme
   B. Romantisme
   C. Classicisme

1269. Racine :
   A. Classicisme
   B. Romantisme

C. Réalisme

1270. Quelle proposition respecte l'ordre chronologique des mouvements littéraires ?
    A. Lumières – romantisme – réalisme – classicisme
    B. Classicisme – lumière – romantisme - réalisme
    C. Lumières –classicisme – réalisme – romantisme

1271. Parmi ces auteurs lequel est un romancier du XXe siècle ?
    A. Colette
    B. Honoré de Balzac
    C. Guy de Maupassant

1272. Quel est l'auteur du livre *Vipère au Poing* ?
    A. Hervé Bazin
    B. Paul Eluard
    C. Joseph Kessel

1273. Quel est l'auteur du livre *Les Liaisons Dangereuses* ?
    A. Montesquieu
    B. Choderlos de Laclos
    C. Daniel Defoe

1274. *Les Contes du Chat Perché* de Marcel Aymé sont :
    A. Un conte philosophique
    B. Un conte de fées
    C. Une fable

1275. Jean Cocteau est l'auteur de :
    A. La Machine Infernale
    B. L'Infernale Ascension
    C. La Machine à Explorer le Temps

1276. Quel roman de Jean Cocteau a-t-il été adapté au cinéma ?
    A. La Machine Infernale
    B. Les Enfants Terribles
    C. Le Colonel Chabert

Littérature

1277. Quel est l'un des grands recueils de Guillaume Apollinaire ?
    A. Alcools
    B. Paroles
    C. Festins

1278. Jacques Prévert est un auteur du XIXe siècle :
    A. Vrai
    B. Faux

1279. Qui est l'auteur du roman *L'Étranger* ?
    A. Albert Camus
    B. Victor Hugo
    C. Romain Garry

1280. Laquelle de ces œuvres n'est pas de Victor-Hugo :
    A. Les Misérables
    B. Notre-Dame de Paris
    C. Germinal
    D. Quatre-vingt-treize

1281. Quel écrivain a été exilé par Louis-Napoléon Bonaparte en 1851 ?
    A. Émile Zola
    B. Voltaire
    C. Victor Hugo

1282. Quel est l'auteur du célèbre «J'accuse» ?
    A. Victor Hugo
    B. Jean Jaurès
    C. Émile Zola

1283. De quel roman Jean Valjean est-il le personnage principal ?
    A. Le Grand Meaulnes
    B. La Gloire de mon Père
    C. Les Misérables

1284. Combien d'années a-t-il fallu à Victor Hugo pour rédiger *Les Misérables* ?

Littérature

   A. 5 ans
   B. 20 ans
   C. 10 ans

1285. Parmi ces auteurs lequel n'est pas du XIXe siècle ?
   A. Charles Baudelaire
   B. Émile Zola
   C. Jean-Paul Sartre
   D. Paul Verlaine

1286. Jean-Jacques Rousseau, Diderot, René de Chateaubriand sont des écrivains du :
   A. XVIe siècle
   B. XVIIe siècle
   C. XVIIIe siècle

1287. Ranger par ordre chronologique croissant les écrivains suivants :
   A. Rabelais – Ronsard – Molière – Voltaire – Victor Hugo
   B. Ronsard – Rabelais – Voltaire – Victor Hugo – Molière
   C. Voltaire – Rabelais – Ronsard – Molière – Victor Hugo

1288. Lequel de ces ouvrages n'a pas été écrit par Pierre Corneille :
   A. Le Cid
   B. Horace
   C. Phèdre

1289. Guy de Maupassant est un écrivain du :
   A. XVIIIe siècle
   B. XIXe siècle
   C. XXe siècle

1290. Eugène de Rastignac, un jeune homme noble originaire d'Angoulême, vient à Paris faire des études de droit et rêve de réussite, de quel roman est-il le personnage principal ?
   A. Le Père Goriot
   B. Germinal
   C. Bel Ami

1291. À quel auteur doit-on la vingtaine de romans regroupés dans
Les Rougon-Macquart ?
- A. Stendhal
- B. Victor Hugo
- C. Émile Zola

1292. Je suis l'auteur de *La Comédie Humaine* :
- A. André Malraux
- B. Honoré de Balzac
- C. Guy de Maupassant

1293. À quel auteur doit-on *Robinson Crusoé* ?
- A. Michel Tournier
- B. Daniel Defoë
- C. Jean-Jacques Rousseau

1294. Ce roman est-il autobiographique ?
- A. Oui
- B. Non

1295. Dans quel roman Alexandre Dumas raconte l'histoire
d'Edmond Dantes ?
- A. Les Trois Mousquetaires
- B. Le Tour Du Monde en 80 Jours
- C. Le Comte De Monte-Cristo

1296. Quel roman raconte la vie dans les mines au XIXe siècle ?
- A. Le Père Goriot
- B. Germinal
- C. L'Assomoir
- D. La Ruée Vers l'Or

1297. *Madame Bovary* est un roman réaliste écrit par :
- A. Jules Verne
- B. Gustave Flaubert
- C. Alexandre Dumas

1298. Quel est le prénom de Madame Bovary ?

    A. Jeanne
    B. Emma
    C. Nina

1299. Quel est le héros du célèbre roman de Victor Hugo *Notre-Dame de Paris* ?
    A. Le Thénardier
    B. Quasimodo
    C. Jean Valjant

1300. De quel roman de Stendhal, Julien Sorel est-il le personnage principal ?
    A. La Chartreuse de Parme
    B. Le Rouge et le Noir
    C. Ruy Blas

1301. Dans *Les Lettres de Mon Moulin* d'Alphonse Daudet, monsieur Seguin est le propriétaire :
    A. D'une vache
    B. D'une chèvre
    C. D'un mouton

1302. Qui a écrit les *Mémoires d'Outre-Tombe* ?
    A. Victor Hugo
    B. René de Chateaubriand
    C. Émile Zola

1303. Je suis une autobiographie romancée parue en 1957 et adaptée au cinéma en 1990. J'ai pour thème central mes souvenirs de vacances en Provence, je suis :
    A. La Gloire de Mon Père de Marcel Pagnol
    B. Poil de Carotte de Jules Renard
    C. Vipère au Poing d'Hervé Bazin

1304. Le roman intitulé *La Peau de Chagrin* a été écrit par :
    A. Honoré de Balzac
    B. Guy de Maupassant
    C. Gustave Flaubert

Littérature

1305. Dans quelle pièce de Corneille retrouve-t-on Don Diègue, Chimène et Don Rodrigue ?
   A. Le Cid
   B. Antigone
   C. Phèdre

1306. Parmi ces pièces, laquelle n'a pas été écrite par Molière ?
   A. Le Malade Imaginaire
   B. Le Bourgeois Gentilhomme
   C. Les Noces de Figaro

1307. Jean-Baptiste Poquelin est le vrai nom de :
   A. Molière
   B. Corneille
   C. Racine

1308. Quel poète tragique grec est l'auteur d'*Antigone* et *Œdipe roi* ?
   A. Sophocle
   B. Hérodote
   C. Périclès

1309. Quel est le nom du célèbre avare de Molière :
   A. Harpagon
   B. Aragon
   C. Armageddon

1310. Qui a écrit *L'École des Femmes* ?
   A. Molière
   B. Jean de la Fontaine
   C. Honoré de Balzac

1311. Sous quel nom est connu François-Marie Arouet ?
   A. Diderot
   B. Voltaire
   C. Saint-Augustin

1312. Qui a écrit le Colonel Chabert ?
   A. Alexandre Dumas

B. Honoré de Balzac

C. Gustave Flaubert

1313. Quel est le prénom de la jeune femme dont Cyrano de Bergerac est épris ?
   A. Roxane
   B. Béréncice
   C. Juliette

1314. Quelle est la célèbre phrase de Descartes ?
   A. J'existe, donc je suis
   B. Je pense, donc je suis
   C. Je parle, donc je suis

1315. De quelle pièce de Shakespeare est tirée la célèbre phrase: «Être ou ne pas être : telle est la question ?» ?
   A. Roméo et Juliette
   B. Hamlet
   C. Le Roi Lear

1316. Parmi ces livres lequel est un conte philosophique ?
   A. Candide de Voltaire
   B. Barbe bleue de Charles Perrault
   C. Le Corbeau et le Renard de Jean de La Fontaine

1317. Parmi ces nouvelles laquelle a été écrite par Guy de Maupassant ?
   A. Le Chat Noir
   B. Boule de Suif
   C. Le Portrait Ovale

1318. Quel est écrivain, auteur de *Le Grand Meaulnes* est mort au combat en 1914 ?
   A. Henri Barbusse
   B. Alain Fournier
   C. Jean Giono

1319. Parmi ces œuvres laquelle n'est pas une nouvelle fantastique ?

    A. Matéo Falcone de Mérimée
    B. Le Horla de Guy de Maupassant
    C. Le Chat Noir d'Edgar Allan Poe

1320. *Charlie et la Chocolaterie*, *Le Bon Gros Géant*, *Matilda* ont été écrits par :
    A. Marc Levy
    B. Roald Dahl
    C. Marcel Proust

1321. Quel est l'auteur des *Aventures de Sherlock Holmes* :
    A. Jules Verne
    B. Arthur Conan Doyle
    C. John Watson

1322. Quel est l'intrus ?
    A. Rastignac
    B. Athos
    C. Porthos
    D. Aramis
    E. d'Artagnan

1323. Quel livre contient le récit du cheval de Troie qui permit aux Achéens de remporter la guerre et de détruire Troie ?
    A. Odyssée
    B. L'iliade
    C. L'astrée

1324. Tristan et Yseut est-il :
    A. Un roman pastoral
    B. Un roman classique
    C. Un roman de chevalerie

1325. Homère était un écrivain :
    A. Du XVIe siècle
    B. Du Moyen-Âge
    C. De l'Antiquité

1326. Parmi ces œuvres, laquelle n'a pas été écrite par Rabelais ?
    A. Candide
    B. Pantagruel
    C. Gargantua

1327. Lequel de ces livres se déroule lors de la Première Guerre Mondiale ?
    A. Notre-Dame de Paris
    B. Le Journal d'Anne Frank
    C. Voyage au bout de la nuit

1328. Qui a dit : «On n'est pas sérieux quand on a 17 ans» ?
    A. Guillaume Apollinaire
    B. Arthur Rimbaud
    C. Paul Verlaine

Procédés d'Écriture

Procédés d'Écriture

1329. Qu'est ce que l'acte d'énonciation ?
   A.   La situation dans laquelle un énoncé à été produit
   B.   Le fait d'écrire un récit, une lettre, un message…
   C.   Les repères de temps et de lieux d'un énoncé

1330. La situation d'énonciation se définit comme :
   A.   La situation dans laquelle un énoncé a été produit
   B.   Le lieu où l'énoncé a été fait
   C.   La présentation du locuteur et de son destinataire

1331. Quel élément ne permet pas de déterminer la situation d'énonciation ?
   A.   Le sujet de l'énonciation
   B.   Le lieu de l'énonciation
   C.   Le moment de l'énonciation
   D.   Le type de discours

1332. Un énoncé ancré dans la situation d'énonciation est :
   A.   Un récit
   B.   Un discours

1333. Un roman est un énoncé :
   A.   Coupé de la situation d'énonciation
   B.   Ancré de la situation d'énonciation
   C.   À la double énonciation

1334. Dans l'énonciation de discours :
   A.   L'énonciateur est présent dans le discours
   B.   L'énonciateur est effacé dans le discours

1335. Un texte peut présenter un changement d'énonciation :
   A.   Vrai
   B.   Faux

1336. Aujourd'hui, hier, demain sont des compléments circonstanciels spécifiques :

A. À l'énonciation de discours
B. À l'énonciation de récit

1337. Le passé simple et l'imparfait sont les temps de :
A. L'énonciation de récit
B. L'énonciation de discours

1338. «Je sens en écrivant ceci que mon pouls s'élève encore ; ces moments me seront toujours présents quand je vivrais cent mille ans.» J.J. Rousseau. Ce texte présente :
A. Une double énonciation
B. Une énonciation de discours
C. Une énonciation de récit

1339. «Bertin, après son retour de Rome, en 1864, était demeuré quelques années sans succès et sans renom ; puis soudain, en 1868, il exposa sa Cléopâtre et fut en quelques jours porté aux nues par la critique et le public.» G. de Maupassant. Ce texte présente :
A. Une double énonciation
B. Une énonciation de discours
C. Une énonciation de récit

1340. «La misère, messieurs, j'aborde ici le vif de la question, voulez-vous savoir jusqu'où elle est, la misère ? Voulez-vous savoir jusqu'où elle peut aller, jusqu'où elle va, je ne dis pas en Irlande, je ne dis pas au Moyen Âge, je dis en France, je dis à Paris, et au temps où nous vivons ?» V. Hugo. Ce texte présente :
A. Une énonciation de discours
B. Une énonciation de récit
C. Une double énonciation

1341. Lors de la narration d'un récit au passé quel temps faut-il choisir ?
A. L'imparfait
B. Le passé simple
C. Le passé composé

Procédés d'Écriture

1342. Dans un récit écrit au passé, les verbes des passages descriptifs sont :
  A. Au passé simple
  B. À l'imparfait
  C. Au passé composé

1343. Qu'appelle-t-on la focalisation ?
  A. Le point de vue selon lequel un récit est organisé
  B. L'obstination du héros pour sa quête
  C. Le respect d'une chronologie historique

1344. Combien de points de vue narratifs existe-t-il ?
  A. 5
  B. 6
  C. 2
  D. 3

1345. Les différents points de vue narratifs sont :
  A. Direct, indirect, intermédiaire
  B. Interne, externe, omniscient
  C. Soutenu, familier, grossier

1346. Lorsque le narrateur voit au travers du regard d'un personnage il s'agit :
  A. Du point de vue interne
  B. Du point de vue externe
  C. Du point de vue omniscient

1347. Lorsque le lecteur sait tout sur l'action et sur les personnages il s'agit :
  A. Du point de vue interne
  B. Du point de vue omniscient
  C. Du point de vue externe

1348. Dans un roman le narrateur et l'auteur sont toujours la même personne :
  A. Vrai
  B. Faux

1349. Dans un même récit le point de vue choisi par l'auteur peut
changer :
A. Vrai
B. Faux

1350. Lorsque le narrateur rapporte l'action de l'extérieur : il s'agit :
A. Du point de vue externe
B. Du point de vue interne
C. Du point de vue omniscient

Dans les extraits suivants, indiquer quel est le point de vue du narrateur :

1351. «En 1809, Mme Descoings, qui ne disait point son âge, avait
soixante-cinq ans. Nommée dans son temps la belle épicière,
elle était une de ces femmes si rares que le temps respecte, et
devait à une excellente constitution le privilège de garder une
beauté qui néanmoins ne soutenait pas un examen sérieux.»
H. de Balzac.
A. Point de vue interne
B. Point de vue externe
C. Point de vue omniscient

1352. «Quant à D'Artagnan, il se trouva lancé contre Jussac lui même.
Le cœur du jeune gascon battait à lui briser la poitrine, non pas
de peur, Dieu merci ! Il n'en avait pas l'ombre, mais d'émulation
; il se battait comme un tigre en fureur, tournant dix fois autour
de son adversaire, changeant vingt fois ses gardes et son terrain.
Jussac était, comme on le disait alors, friand de la lame, et avait
fort pratiqué…» A. Dumas.
A. Point de vue omniscient
B. Point de vue interne
C. Point de vue externe

1353. «Deux hommes parurent. L'un venait de la bastille, l'autre du
Jardin des Plantes. Le plus grand, vêtu de toile, marchait le chapeau en arrière, le gilet déboutonné, et sa cravate à la main. Le

plus petit, dont le corps disparaissait dans une redingote marron, baissait la tête sous une casquette à visière pointue. Quand ils furent arrivés au milieu du boulevard, ils s'assirent, en même temps, sur le banc.» G. Flaubert :

A. Point de vue omniscient
B. Point de vue interne
C. Point de vue externe

1354. «Une seule idée occupait sa tête vide d'ouvrier sans travail et sans gîte, l'espoir que le froid serait moins vif après le lever du jour. Depuis une heure, il avançait ainsi, lorsque sur la gauche, à deux kilomètres de Montsou, il aperçut des feux rouges, trois brasiers brûlant en plein air et comme suspendus. D'abord, il hésita, pris de crainte ; puis, il ne put résister au besoin douloureux de se chauffer un instant les mains. Un chemin creux s'enfonçait. Tout disparut. Il avait à droite une palissade, [...], tandis qu'un talus d'herbe s'élevait à gauche, surmonté d'une vision de village, aux toitures basses et uniformes.» E. Zola :

A. Point de vue externe
B. Point de vue interne
C. Point de vue omniscient

1355. «–Veux-tu lire ce qu'il y a d'écrit au dessus de ta partition ? demanda la dame.
– Moderato cantabile, dit l'enfant.
La dame ponctua cette réponse d'un coup de crayon sur le clavier. L'enfant resta immobile, la tête tournée vers sa partition.
– Et qu'est-ce que ça veut dire, moderato cantabile ?
– Je sais pas.
Une femme, assise à trois mètres de là, soupira.» M. Duras :

A. Point de vue omnisceint
B. Point de vue externe
C. Point de vue interne

1356. «Un coup de vent fit battre la porte de l'arrière- chambre qui communiquait avec la sienne et dont la fenêtre donnait aussi sur la cour aux voitures. Meaulnes allait la refermer, lorsqu'il aperçut dans cette pièce une lueur, comme celle d'une bougie

allumer sur la table. Il avança la tête dans l'entrebâillement de la porte. Quelqu'un était entré là, par la fenêtre sans doute, et se promenait de long en large, à pas silencieux. Autant qu'on pouvait voir, c'était un très jeune homme. Nu-tête, une pèlerine de voyage sur les épaules, il marchait sans arrêt, comme affolé par une douleur insupportable.» A. fournier :
A. Point de vue interne
B. Point de vue externe
C. Point de vue omniscient

1357. «A temps perdu, François Deschamps peignait. De retour de ses vacances, il avait retrouvé sur son chevalet un tableau qu'il avait estimé achevé. Il s'attachait maintenant à en corriger les imperfections, qui lui étaient apparues à le revoir avec des yeux neufs. Depuis deux heures avant midi, le soleil traversait les rideaux blancs tendus sous la verrière, emplissait l'atelier d'une lumière et d'une chaleur africaine.» A. Fournier :
A. Point de vue interne
B. Point de vue externe
C. Point de vue omniscient

1358. «En secouant la tête, elle caressa le visage défait de Dolfi. Le garçon leva les yeux, reconnaissant, il essaya de sourire, et une sorte de lumière éclaira un bref instant son visage pâle. Il y avait toujours l'amère solitude d'une créature fragile, innocente, humiliée, sans défense ; le désir désespéré d'un peu de consolation ; un sentiment pur, douloureux et très beau qu'il était impossible de définir. Pendant un instant – et ce fut la dernière fois – il fut un petit garçon doux, tendre et malheureux, qui ne comprenait pas et demandait au monde environnant un peu de bonté.» D. Buzzati :
A. Point de vue omniscient
B. Point de vue interne
C. Point de vue externe

1359. Le narrateur qui rapporte ce qu'il a vu ou entendu est :
A. Narrateur-personnage

   B.   Narrateur-effacé
   C.   Narrateur-témoin

1360. Le narrateur qui est lui-même le personnage principal ou un personnage secondaire du récit est :
   A.   Narrateur-témoin
   B.   Narrateur-personnage
   C.   Narrateur-effacé

1361. Dans les récits écrits à la 3e personne, le narrateur est :
   A.   Effacé
   B.   Témoin
   C.   Personnage

1362. Le narrateur-témoin est :
   A.   Un narrateur inconnu
   B.   Un narrateur présent dans le récit mais extérieur à l'intrigue
   C.   Un narrateur présent et actif dans le récit

1363. «Enfant, je trouais déjà mes chemises. Ah ! Quel malheur ! – et je m'écorchais aux genoux ; puis je revenais à la maison pour me faire panser...» A. de Saint-Exupery. Quel est le type de narrateur ?
   A.   Narrateur-témoin
   B.   Narrateur-personnage
   C.   Narrateur-effacé

1364. «Ils nageaient côte à côte , lui blanc de peau, la tête noire et ronde sous ses cheveux mouillés, elle brûle comme une blonde, coiffée d'un foulard bleu. [...] Vinca se coucha sur le flot, souffla de l'eau en l'air comme un petit phoque.» Colette :
   A.   Narrateur-personnage
   B.   Narrateur-témoin
   C.   Narrateur-effacé

1365. «Un jour , je tombai sur une photo que je n'aurais pas dû voir...

Je passais mes vacances chez ma grand mère, dans cette ville aux abords de la steppe Russe où elle avait échoué après la guerre.» A. makine :
A. Narrateur-effacé
B. Narrateur-témoin
C. Narrateur-personnage

1366. Les informations qui ne sont pas clairement énoncées, mais que le lecteur doit comprendre par lui-même sont :
A. Explicites
B. Implicites
C. Illicites

1367. Un sous-entendu est une information :
A. Implicite
B. Explicite
C. Illicite

1368. Comment nomme-t-on l'ensemble des éléments qui définissent le lieu et le temps de l'action ?
A. Le cadre temporel et spatial
B. Le cadre spatio-temporel
C. Le cadre de l'espace

1369. Le texte qui commence un roman en présentant les personnages, l'intrigue et le cadre spatio-temporel est :
A. L'incipit
B. L'excipit
C. L'analepse

1370. Un allongement dans le rythme d'un récit, c'est :
A. Une pause
B. Un sommaire
C. Une ellipse
D. Une didascalie

1371. Dans un récit, un sommaire c'est :

A. Le résumé de plusieurs années de la vie d'un personnage, jugées non pertinentes
B. La chronologie du récit
C. Le résumé des traits de caractères des personnages principaux

1372. Dans un récit, lorsque les évènements sont racontés en temps réel il s'agit d' :
A. Une scène
B. Une ellipse
C. Une pause
D. Un sommaire

1373. Qu'appelle-t-on une ellipse :
A. Lorsque le temps de la narration est égal au temps du récit
B. Un événement passé sous silence par le narrateur
C. Un échange vif de courtes répliques

1374. Les connecteurs temporels tels que : Le lendemain, quelques heures plus tard, … indiquent la présence :
A. D'une scène
B. D'une ellipse
C. D'un sommaire

1375. Cet extrait de Guy de Maupassant est-il un sommaire, une ellipse ou une pause : «Je partais, trois jours après, pour la province.» :
A. Un sommaire
B. Une ellipse
C. Une pause

1376. Cet extrait d'Émile Zola est-il un sommaire, une pause ou une ellipse : «Laurent passa une journée atroce. Il dut lutter contre le sommeil accablant qui le saisit dans l'après-midi à son bureau.»
A. Un sommaire
B. Une ellipse
C. Une pause

Dans ces extraits de Guy de Maupassant indiquer quels sont les rythmes narratifs dans les passages soulignés :

1377. «Le piéton Médéric Rompel, que les gens du pays appelaient familièrement Médéri, partit à l'heure ordinaire de la maison de la poste de Rouy-le-Tors. <u>Ayant traversé la petite ville de son grand pas d'ancien troupier, il coupa d'abord les prairies de Villaumes pour gagner le bois de la Brindille, qui le conduisait, en suivant l'eau, au village de Carvelin, où commençait sa distribution.</u>» :
   A. Sommaire
   B. Ellipse
   C. Scène

1378. «Il allait vite, <u>le long de l'étroite rivière qui moussait, grognait, bouillonnait et filait dans son lit d'herbes, sous une voûte de saules. Les grosses pierres, arrêtant le cours, avaient autour d'elle un bourrelet d'eau, une sorte de cravate terminée en nœud d'écume.</u>» :
   A. Pause
   B. Sommaire
   C. Scène

1379. «Médéric allait toujours, sans rien voir, et ne songeant qu'à ceci: <u>«Ma première lettre est pour la maison Poivron, puis j'en ai une pour M. Renardet; il faut donc que je traverse la futaie.</u>» :
   A. Scène
   B. Pause
   C. Sommaire

1380. «Donc, <u>il franchit la Brindille sur un pont fait d'un seul arbre, jeté d'un bord à l'autre, ayant pour unique rampe une corde portée par deux piquets enfoncés dans les berges.</u>» :
   A. Ellipse
   B. Pause
   C. Scène

1381. «<u>Il venait de se recouvrir et de reprendre son pas accéléré</u>

quand il aperçut, au pied d'un arbre, un couteau, un petit couteau d'enfant. Comme il le ramassait, il découvrit encore un dé à coudre, puis un étui à aiguilles deux pas plus loin.» :
A. Sommaire
B. Ellipse
C. Pause

1382. «Ayant pris ces objets, il pensa: «Je vais les confier à M. le maire»; et il se remit en route; mais il ouvrait l'œil à présent, s'attendant toujours à trouver quelque chose. Soudain, il s'arrêta net, comme s'il se fut heurté contre une barre de bois» :
A. Pause
B. Scène
C. Ellipse

1383. Identifier le type de discours d'un texte permet :
A. D'identifier les personnages
B. D'identifier le cadre spatio-temporel
C. D'identifier l'intention du texte

1384. Quel est le type de discours utilisé dans une autobiographie ?
A. Le discours descriptif
B. Le discours argumentatif
C. Le discours narratif

1385. Le discours qui expose une idée et cherche à convaincre son destinataire est :
A. Descriptif
B. Explicatif
C. Argumentatif

1386. Quelle forme de discours est utilisé pour vendre un produit ?
A. Le discours explicatif
B. Le discours argumentatif
C. Le discours explicatif

1387. Quelle forme de discours est utilisé dans les portraits ?

    A. Le discours descriptif
    B. Le discours narratif
    C. Le discours explicatif

1388. Quelle forme de discours trouve t-on dans les livres scolaires ?
    A. Le discours descriptif
    B. Le discours explicatif
    C. Le discours argumentatif

1389. Parmi ces propositions, laquelle ne caractérise pas le discours narratif ?
    A. Narration à la 1ère ou à la 3e personne du singulier
    B. Vocabulaire spécialisé et technique
    C. Utilisation des connecteurs de temps et de lieu

1390. Un récit peut combiner plusieurs formes de discours :
    A. Vrai
    B. Faux

1391. «La négation totale est une phrase négative qui nie toute la phrase. La négation est partielle quand elle porte uniquement sur un groupe de mots». Quelle est la forme de discours de cette phrase ?
    A. Discours explicatif
    B. Discours informatif
    C. Discours argumentatif

1392. «[…] Le forçat était parvenu à s'affaler près du matelot. Il était temps; une minute de plus, l'homme, épuisé et désespéré, se laissait tomber dans l'abîme; le forçat l'avait amarré solidement avec la corde à laquelle il se tenait d'une main pendant qu'il travaillait de l'autre.» V. Hugo. Cet extrait utilise un discours :
    A. Narratif
    B. Argumentatif
    C. Explicatif

1393. «Je n'aime pas la guerre, je n'aime aucune sorte de guerre. Ce

n'est pas par sentimentalité. Je suis resté quarante-deux jours devant le fort de Vaux et il est difficile de m'intéresser à un cadavre désormais. Je ne sais pas si c'est une qualité ou un défaut : c'est un fait. Je déteste la guerre. Je refuse de faire la guerre pour la seule raison que la guerre est inutile.» J. Giono. Cet extrait est :
A. Argumentatif
B. Descriptif
C. Narratif

1394. «Un antibiotique (du grec *anti* : contre, et *bios* : la vie) est une substance naturelle ou synthétique qui détruit ou bloque la croissance des bactéries. Dans le premier cas, on parle d'antibiotique bactéricide et dans le second cas d'antibiotique bactériostatique. Un antibiotique peut être à la fois bactériostatique et bactéricide, tout dépendant de sa dose.» Il s'agit d'un discours :
A. Explicatif
B. Descriptif
C. Argumentatif

1395. Dans un texte argumentatif la thèse est :
A. Le domaine abordé par le locuteur
B. L'opinion du locuteur
C. L'exposition des idées du locuteur

1396. Lorsque l'auteur exprime son opinion de manière implicite, il développe une argumentation :
A. Directe
B. Indirecte
C. D'autorité

1397. Lorsque l'auteur cite une référence (expert, philosophe) pour convaincre, il s'agit d'une :
A. Argumentation directe
B. Argumentation indirecte
C. Argumentation d'autorité

1398. Les fables développent une argumentation :
A. Directe
B. Indirecte
C. D'autorité

1399. Quel auteur est connu pour ces textes argumentatifs ?
A. Jean-Paul Sartre
B. Voltaire
C. Guy de Maupassant

1400. Comment appelle-t-on les mots et procédés grammaticaux qui permettent à l'énonciateur d'exprimer son opinion ?
A. Les moralisateurs
B. Les modalisateurs
C. Les canalisateurs

1401. La modalisation permet d'exprimer aussi bien une certitude qu'un jugement qu'il soit positif ou négatif :
A. Vrai
B. Faux

1402. Parmi ces phrases laquelle n'utilise pas de modalisateur ?
A. Il est réellement malade
B. Il est peut-être malade
C. Il est malade
D. Je crois qu'il est malade

1403. Dans un texte, lorsque l'opinion de l'auteur est décelable, on dit que le propos est :
A. Subjectif
B. Objectif
C. Péjoratif

1404. Le contraire de subjectif est :
A. Objectif
B. Péjoratif
C. Mélioratif

1405. Afin d'exprimer une opinion favorable et de donner une image positive, l'auteur utilise un vocabulaire :
A. Subjectif
B. Objectif
C. Péjoratif
D. Mélioratif

1406. L'antonyme du mot mélioratif est :
A. Subjectif
B. Objectif
C. Péjoratif

1407. Parmi ces préfixes et suffixes, lequel ne donne pas une valeur méliorative aux radicaux auxquels ils s'ajoutent :
A. Archi + radical
B. Radical + issime
C. Extra +radical
D. Radical + asse

1408. Parmi ces propositions laquelle est fausse : Les modalisateurs peuvent être :
A. Des phrases déclaratives
B. Des figures de style
C. Des adverbes
D. Des déterminants

1409. Parmi ces propositions laquelle n'apporte pas de nuance méliorative ?
A. Une clairière lumineuse
B. Il prend toujours des poses très théâtrales
C. Des vitres jaunâtres
D. L'harmonie des couleurs

1410. Lequel de ces mots n'est pas mélioratif :
A. Beau
B. Parfaitement
C. Pitoyable
D. Calme

1411. Dans cette phrase quel est le modalisateur ? «Cet homme aurait une fille cachée qui vit en Angleterre.» :
A. En Angleterre
B. Aurait
C. Cachée

1412. Dans cette phrase quel est le modalisateur ? «Certains prétendent que Martin a quitté la France.» :
A. Certains
B. Prétendent
C. À quitté
D. Certains prétendent

1413. Certains signes de ponctuation sont des modalisateurs :
A. Vrai
B. Faux

1414. Quel temps verbal est utilisé pour modaliser un discours ?
A. Le futur
B. Le conditionnel
C. Le passé simple

1415. Chercher l'intrus :
A. Penser, juger, estimer
B. Paraître, sembler, supposer
C. Manger, envoyer, cueillir
D. Pouvoir, vouloir, devoir

1416. Compléter la liste suivante : sûrement, certainement, probablement, assurément, inévitablement, … :
A. vraisemblablement
B. précédemment
C. forcément
D. incontestablement

1417. Parmi ces phrases laquelle n'utilise pas de procédés modalisateurs ?
teurs ?

A. Il se pourrait que nous ayons une visite demain
B. Maxime a dû oublier son rendez-vous
C. Les policiers viendront ce soir
D. Il est possible qu'il ne reparte pas

1418. Repérer le type de discours dans un texte permet d'identifier :
A. La valeur des temps utilisés
B. Les différents points de vue exprimés
C. Le statut du narrateur

1419. Lorsque les paroles sont présentées de façon authentique, elles sont au style :
A. Direct
B. Indirect
C. Indirect libre

1420. Une phrase qui comporte deux points et des guillemets est au discours :
A. Indirect
B. Direct
C. Indirect libre

1421. Une phrase comportant un verbe de parole qui rapporte le contenu des paroles est au style :
A. Indirect
B. Direct
C. Indirect libre

1422. Lorsque le narrateur choisit de rapporter les paroles telles qu'elles ont été prononcées, il utilise le discours :
A. Direct
B. Indirect
C. Indirect libre

1423. Lorsque les paroles sont intégrées à la narration et que leur ponctuation finale est celle du style direct, il s'agit du discours :
A. Indirect
B. Indirect libre

1424. Pour rapporter les pensées d'un personnage quel discours utiliser :
    A. Direct
    B. Indirect
    C. Indirect libre

1425. Que vas-tu faire demain ?
    A. Discours direct
    B. Discours Indirect
    C. Discours indirect libre

1426. Il déclara : «Les femmes sont des excellentes avocates.»
    A. Discours direct
    B. Discours indirect
    C. Discours indirect libre

1427. «Oui, bien sûr, elle avait entendu raconter, elle savait, elle savait comme l'agonie de leur grand-mère avait duré, c'est qu'elle était si forte, pensez-donc…» N. Sarraute :
    A. Discours indirect libre
    B. Discours direct
    C. Discours indirect

1428. Il déclara que les femmes étaient des excellentes avocates :
    A. Discours direct
    B. Discours indirect
    C. Discours indirect libre

Réécrire au style indirect les phrases suivantes :

1429. Elle rétorqua : «Je n'irai pas !»
    A. Elle rétorqua je n'irai pas !
    B. Elle rétorqua qu'elle n'irait pas
    C. Elle rétorqua que je n'irai pas

1430. Je suis déjà venu hier. Je ne reviendrai pas, affirmai-je :

   A. Il affirma qu'il était déjà venu hier et qu'il ne reviendrait pas

   B. J'affirmai que j'étais déjà venu hier et que je ne reviendrais pas

   C. Il affirma : «je suis déjà venu hier. Je ne reviendrai pas !»

1431. C'est vrai, répondit-il, j'ai commis une erreur :

   A. Il répondit que c'était vrai et qu'il avait commis une erreur

   B. Il répondit, c'est vrai, j'ai commis une erreur

   C. Il répondit que c'est vrai et que j'ai commis une erreur

1432. Il déclara : «cette semaine j'irai la voir !» :

   A. Il déclara que cette semaine j'irai la voir

   B. Il déclara qu'il irait la voir cette semaine

   C. J'irai la voir cette semaine déclara t-il

1433. Françoise a interrogé sa fille : «as-tu bien dormi hier ?»

   A. Françoise a interrogé sa fille et lui a demandé si elle a bien dormi hier

   B. Françoise a interrogé sa fille et lui a demandé si elle avait bien dormi la veille

   C. Françoise a interrogé sa fille et lui a demandé si elle avait bien dormi aujourd'hui

1434. Madeleine disait : «Surtout n'oublie pas de lui demander si le général Belloncle est envoyé à Oran, comme il en est question...» G. de Maupassant :

   A. Madeleine lui disait surtout n'oublie pas de demander si le général Belloncle est envoyé à Oran, comme il en est question.

   B. Madeleine lui disait de ne pas oublier de lui demander si le général Belloncle était envoyé à Oran, comme il en était question.

   C. Madeleine lui dit surtout de ne pas oublier de lui demander si le général Belloncle est envoyé à Oran, comme il en serait question.

Réécrire au style direct les phrases suivantes :

1435. Il a dit qu'il ne viendrait pas le lendemain :

   A. Il a dit qu'il ne viendrait pas aujourd'hui

B. Il déclara : «je ne viendrais pas demain !»

C. Il déclara : «je ne viendrais pas le lendemain !»

1436. J'étais content d'être venu, je l'avouai :
   A. Il avoua qu'il était content d'être venu
   B. «Je suis content d'être venu !»
   C. Je l'avouai : «Je suis content d'être venu !»

1437. Il me demande si je viendrais déjeuner le lendemain :
   A. Il me demande : «viendrais-tu déjeuner demain ?»
   B. Il me demanda si demain je viendrais déjeuner
   C. Il lui demanda : «viendras-tu déjeuner aujourd'hui ?»

1438. Il a dit qu'il s'était trompé :
   A. Il s'est trompé
   B. Il a dit : «Je m'étais trompé.»
   C. Il a dit : «Je me trompe.»

1439. Un verbe conjugué au passé composé au style direct sera conjugué au … au discours indirect :
   A. Présent
   B. Futur
   C. Plus-que-parfait

1440. Un verbe conjugué à l'imparfait au style direct sera conjugué au … au style indirect :
   A. Plus-que-parfait
   B. Imparfait
   C. Passé simple

1441. Un verbe conjugué au conditionnel présent au style indirect sera conjugué au … au style direct :
   A. Passé antérieur
   B. Futur simple
   C. Imparfait

Indiquer comment sont rapportées les paroles dans les extraits suivants :

1442. «Quand il a dit qu'il descendait sur la plage, je lui ai demandé où il allait. Masson et moi avons dit que nous allions l'accompagner.» A. Camus :
   A. Discours direct
   B. Discours indirect
   C. Discours indirect libre

1443. «Il répète que c'est tout à fait extraordinaire de la voir sur ce bac. Si tôt le matin, une jeune fille belle comme elle l'est, vous ne vous rendez pas compte, c'est très inattendu, une jeune fille blanche dans un car indigène.» M. Duras :
   A. Discours indirect libre
   B. Discours direct
   C. Discours indirect

1444. «Elle sourit encore, et murmure : "Oh ! que je suis heureuse."» G. De Maupassant :
   A. Discours indirect libre
   B. Discours direct
   C. Discours indirect

1445. « "Assurément, elle pouvait vivre encore !" lui dit sa mère à l'oreille.» G. Flaubert :
   A. Discours indirect libre
   B. Discours direct
   C. Discours indirect

1446. «Les élèves dans la cour, rangés pour nous laisser passer, chuchotaient: "Oh ! un nouveau ! un nouveau !"» A. Gide :
   A. Discours direct
   B. Discours indirect
   C. Discours indirect libre

Réécriture

Réécriture

Exercices de réécriture tirés des sujets officiels du Brevet.

1447. «Compressé à grands coups de fourche sous la charpente, le fourrage passait l'hiver sans se dessécher dans cet immense espace obscur où il formait des monticules, des tours et des châteaux parfumés prêts pour accueillir nos jeux. » Benoît Duteurtre, *Livre pour adultes*.

Réécrire en remplaçant «le fourrage» par «les fourrages». Effectuer toutes les modifications nécessaires :

    A. Compressé à grands coups de fourche sous la charpente, les fourrages passaient l'hiver sans se dessécher dans cet immense espace obscur où ils formaient des monticules, des tours et des châteaux parfumés prêts pour accueillir nos jeux.

    B. Compressés à grands coups de fourche sous la charpente, les fourrages passaient l'hiver sans se dessécher dans cet immense espace obscur où ils formaient des monticules, des tours et des châteaux parfumés prêts pour accueillir nos jeux.

    C. Compressés à grands coups de fourche sous la charpente, les fourrage passaient l'hiver sans se dessécher dans cet immense espace obscur où ils formaient des monticules, des tours et des châteaux parfumés prêts pour accueillir nos jeux.

1448. «La pluie nous tombait dessus, les éclairs éclataient, suivis du tonnerre qu'on prétendait si dangereux, les arbres étaient secoués par un vent violent et produisaient un bruissement [...]» Michel Tremblay, *Sturm und Drang 1, Bonbons assortis*.

Réécrire au passé composé :

    A. La pluie nous était tombée dessus, les éclairs avaient éclaté, suivis du tonnerre qu'on avait prétendu si dangereux, les arbres avaient été secoués par un vent violent et avaient produis un bruissement

B. La pluie nous était tombés dessus, les éclairs avaient éclatés, suivis du tonnerre qu'on avait prédit si dangereux, les arbres étaient secoués par un vent violent et avaient produis un bruissement

C. La pluie nous était tombé dessus, les éclairs avaient éclaté, suivis du tonnerre qu'on avaient prétendus si dangereux, les arbres avaient été secoué par un vent violent et avaient produit un bruissement

1449. Andromaque demande à Pyrrhus : «Seigneur, que faites-vous, et que dira la Grèce ?»
Andromaque déclare à Hermione : «J'ai vu percer le seul où mes regards prétendaient s'adresser.» Marcel Aymé, *Uranus*.

Réécrire ces deux phrases au discours indirect en mettant le verbe introducteur au passé simple. Vous ferez toutes les modifications nécessaires :

A. Andromaque demanda à Pyrrhus que fais le Seigneur et que dira la Grèce. Andromaque déclara à Hermione qu'il a vu percer le seul où ses regards prétendaient s'adresser.

B. Andromaque demanda à Pyrrhus ce qu'il faisait et ce que dirait la Grèce. Andromaque déclara à Hermione qu'elle avait vu percer le seul où ses regards prétendaient s'adresser.

C. Andromaque demanda à Pyrrhus ce qu'il ferait et ce que dirait la Grèce. Andromaque déclara à Hermione qu'elle aurait vu percer le seul où ses regards prétendaient s'adresser.

1450. «Vingt fois je me suis arrêtée, haletante, en trouvant sous ma main, près de la «passe-rose», une couleuvre bien sage, roulée en colimaçon régulièrement, sa tête en dessus, ses petits yeux dorés me regardant.» Colette, *Claudine à l'école*.

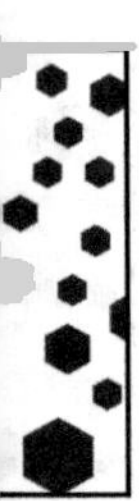

Réécrire en remplaçant «une couleuvre» par «les serpents» :

A. Vingt fois je me suis arrêtée, haletante, en trouvant sous ma main, près de la «passe-rose», des serpents bien sages, roulés en colimaçon régulièrement, leurs têtes en dessus, leurs petits yeux dorés me regardant.

B. Vingt fois je me suis arrêtée, haletante, en trouvant sous ma main, près de la «passe-rose», des serpents bien sage, roulée en colimaçon régulièrement, leur tête en dessus, leurs petits yeux dorés me regardant.

C. Vingt fois je me suis arrêtée, haletante, en trouvant sous ma main, près de la «passe-rose», des serpents bien sage, roulés en colimaçon régulièrement, leurs tête en dessus, leur petits yeux dorés me regardant.

1451. «C'est un village, et pas une ville ; les rues, grâce au ciel, ne sont pas pavées ; les averses y roulent en petits torrents, secs au bout de deux heures ; c'est un village, pas très joli même, et que pourtant j'adore.» Colette, *Claudine à l'école.*

Réécrire en mettant les verbes conjugués à l'imparfait de l'indicatif :

A. Ce fut un village, et pas une ville ; les rues, grâce au ciel, ne furent pas pavées ; les averses y roulèrent en petits torrents, secs au bout de deux heures ; ce fut un village, pas très joli même, et que pourtant j'adorai.

B. C'était un village, et pas une ville ; les rues, grâce au ciel, n'étaient pas pavées ; les averses y roulaient en petits torrents, secs au bout de deux heures ; c'était un village, pas très joli même, et que pourtant j'adorais.

C. C'était un village, et pas une ville ; les rues, grâce au ciel, n'était pas pavées ; les averses y roulaient en petits torrents, secs au bout de deux heures ; c'était un village, pas très joli même, et que pourtant j'adorai.

1452. «Il y a une armoire à peine luisante
qui a entendu les voix de mes grand' tantes.» Francis Jammes, *De l'Angelus de l'aube à l'Angelus du soir.*

Réécrire en mettant le mot «armoire» au pluriel :

A. Il y a des armoire à peine luisantes / qui ont entendues les voix de mes grand' tantes.

B. Il y a des armoires à peine luisante / qui avaient entendu les voix de mes grand' tantes.

C. Il y a des armoires à peine luisantes / qui ont entendu les voix de mes grand' tantes.

1453. « C'est un serviteur fidèle qui sait
qu'il ne doit rien nous voler »
Francis Jammes, *De l'Angelus de l'aube à l'Angelus du soir.*

Réécrire en commençant par «C'étaient des ...» :

A. C'étaient des serviteurs fidèle qui sauraient / qu'ils ne devraient rien nous voler

B. C'étaient des serviteurs fidèles qui savent / qu'ils ne doivent rien nous voler

C. C'étaient des serviteurs fidèles qui savaient / qu'ils ne devaient rien nous voler

1454. «Je vais d'un pupitre à l'autre : ils sont vides - on doit nettoyer la place, et les élèves ont déménagé.» Jules Vallès, *L'enfant.*

Réécrire à l'imparfait :

A. J'allai d'un pupitre à l'autre : ils étaient vides – on doivait nettoyer la place, et les élèves avaient déménagés.

B. J'allais d'un pupitre à l'autre : ils étaient vides – on devait nettoyer la place, et les élèves avaient déménagé.

C. J'allais d'un pupitre à l'autre : ils étaient vides – on devait nettoyer la place, et les élèves avaient déménagés.

1455. «Je frotte mes yeux, je tends mon regard, les lettres s'effacent.» Jules Vallès, *L'enfant.*

Réécrire en commençant par «nous» et en mettant les verbes à l'imparfait :

A. Nous nous frottions les yeux, nous tendions nos regard, les lettres s'effaçait.

B. Nous frottions nos yeux, nous tendions nos regards, les lettres s'effaçaient.

C. Nous frottions nos yeux, nous tendont nos regards, les lettres s'effaçaient.

1456. «Moi, je cédai et commençai d'avaler les mollusques. Ce fut de ma part une petite lâcheté ; mon frère se sentit plus seul, et son départ fut donc aussi une protestation contre moi, qui venais de le décevoir (…)» Italo Calvino. *Le baron perché.*

Réécrire le passage suivant au présent de l'indicatif :

A. Moi, je cédai et commençai d'avaler les mollusques. C'était de ma part une petite lâcheté ; mon frère se sentait plus seul, et son départ était donc aussi une protestation contre moi, qui venait de le décevoir …

B. Moi, je cède et commence d'avaler les mollusques. C'est de ma part une petite lâcheté ; mon frère se sent plus seul, et son départ est donc aussi une protestation contre moi, qui viens de le décevoir …

C. Moi, je cèdes et commences d'avaler les mollusques. C'est de ma part une petite lâcheté ; mon frère se sent plus seul, et son départ sera donc aussi une protestation contre moi, qui vient de le décevoir …

1457. «Le Boa arrive à l'hôtel bouleversé, les joues rouges et les yeux exorbités, il peine à s'endormir, la nuit est trop claire, comme filtrée par une gaze chaude, lui-même trop excité ». Maylis de Kerangal, *Naissance d'un pont.*

Réécrire en remplaçant «Le Boa» par «Ils». Effectuer toutes les transformations nécessaires :

A. Ils arrivent à l'hôtel bouleversés, les joues rouges et les yeux exorbités, ils peinent à s'endormir, la nuit est trop claire, comme filtrée par une gaze chaude, eux-mêmes trop excités.

B. Ils arrivent à l'hôtel bouleversés, les joues rouges et les yeux exorbités, ils peinent à s'endormir, la nuit est trop claire, comme

filtrée par une gaze chaude, eux-même trop excité.

   C. Ils arrivent à l'hôtel bouleversé, les joues rouges et les yeux exorbités, ils peinent à s'endormir, la nuit est trop claire, comme filtrée par une gaze chaude, lui-même trop excité.

1458. «L'homme danse et non les oiseaux
Il est l'inventeur du trapèze
Les chevaux ont appris de lui l'art
Des bouquets» Aragon, « *Chagall XI* », *Ce-lui qui dit les choses sans rien dire.*

Réécrire cette strophe en commençant par «Les hommes dan-saient» et faites toutes les transformations nécessaires :

   A. Les hommes dansaient et non les oiseaux
Il est l'inventeur du trapèze
Les chevaux ont appris de lui l'art
Des bouquets
   B. Les hommes dansaient et non les oiseaux
Ils étaient les inventeurs du trapèze
Les chevaux avaient appris d'eux l'art
Des bouquets
   C. Les hommes dansaient et non les oiseaux
Ils sont les inventeurs du trapèze
Les chevaux ont appris d'eux l'art
Des bouquets

1459. «Je connais un petit restaurant où je prends mon repas du soir. Je vais à pied. Je me sens tout dépaysé par la dureté du trottoir et le balancement des hanches qu'il faut avoir pour éviter ceux qui vous frôlent.» Jean Giono, *Les Vraies Richesses.*

Réécrire le passage ci-dessus en remplaçant «je» par «nous» et en mettant les verbes conjugués à l'imparfait :

   A. Nous connaissions un petit restaurant où nous prennions notre repas du soir. Nous allions à pied. Nous nous sentions tout dépaysé par la dureté du trottoir et le balancement des hanches qu'il faut avoir pour éviter ceux qui vous frôlent.

B. Nous connaissons un petit restaurant où nous prenons notre repas du soir. Nous allons à pied. Nous nous sentons tous dépaysés par la dureté du trottoir et le balancement des hanches qu'il faut avoir pour éviter ceux qui vous frôlent.

C. Nous connaissions un petit restaurant où nous prenions notre repas du soir. Nous allions à pied. Nous nous sentions tout dépaysés par la dureté du trottoir et le balancement des hanches qu'il fallait avoir pour éviter ceux qui nous frôlaient.

1460. «L'enfant entend que c'est la langue de l'ennemi. Il est dans les bras de l'ennemi, il rit avec lui. Une peur terrible le saisit, il pleure, il se met à hurler.» Henry Bauchau, *L'Enfant rieur*.

Réécrire en remplaçant «L'enfant» par «je» et transposer du présent aux temps du récit (imparfait et passé simple). Effectuer toutes les modifications nécessaires :

A. J'entendis que ce fut la langue de l'ennemi. Je fut dans les bras de l'ennemi, je rit avec lui. Une peur terrible me saisit, je pleurai, je me mit à hurler.

B. J'entendais que c'est la langue de l'ennemi. J'étais dans les bras de l'ennemi, je riais avec lui. Une peur terrible me saisissa, je pleurais, je me mit à hurler.

C. J'entendis que c'était la langue de l'ennemi. J'étais dans les bras de l'ennemi, je ris avec lui. Une peur terrible me saisit, je pleurai, je me mis à hurler.

1461. «Je n'étais rien qu'un mortel égaré entre du sable et des étoiles, conscient de la seule douceur de respirer. Et cependant, je me découvris pleins de songes.» Antoine de Saint-Exupery, *Terre des Hommes*.

Remplacer «je» par «nous». Vous effectuerez tous les changements nécessaires :

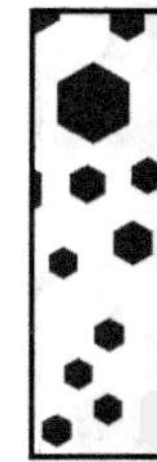

A. Nous ne sommes rien qu'un mortel égaré entre du sable et des étoiles, conscients de la seule douceur de respirer. Et cependant, nous nous découvrirent pleins de songes.

B. Nous n'étions rien que des mortels égarés entre du sable et des étoiles, conscients de la seule douceur de respirer. Et cependant, nous nous découvrîmes pleins de songes.

C. Nous n'étions rien que des mortels égaré entre du sable et des étoiles, conscient de la seule douceur de respirer. Et cependant, nous nous découvrîmes pleins de songes.

1462. «Adamsberg poussa la porte de verre, les jambes encore engourdies. Il se rapprocha de Raphaël et mit ses mains sur ses épaules. L'homme de dos n'eut pas un sursaut. Il examina les mains brunes qui s'étaient posées sur lui, l'une puis l'autre. Fred Vargas, *Sous les Vents de Neptune.*

Réécrire en commençant par «Violette Retancourt» et en transposant les verbes au passé composé :

A. Violette Retancourt a poussé la porte de verre, les jambes encore engourdies. Elle s'est rapprochée de Raphaël et a mis ses mains sur ses épaules. L'homme de dos n'a pas eu un sursaut. Il a examiné les mains brunes qui s'étaient posées sur lui, l'une puis l'autre.

B. Violette Retancourt avait poussée la porte de verre, les jambes étaient encore engourdies. Elle s'est rapprochée de Raphaël et a mit ses mains sur ses épaules. L'homme de dos n'a pas eut un sursaut. Elle a examinée les mains brunes qui s'étaient posées sur elle, l'une puis l'autre.

C. Violette Retancourt a poussé la porte de verre, les jambes encore engourdies. Elle s'était rapprochée de Raphaël et avait mis ses mains sur ses épaules. La femme de dos n'eut pas un sursaut. Elle examina les mains brunes qui s'étaient posées sur elle, l'une puis l'autre.

1463. «On ne nous vendait pas ; on nous demandait de défiler sur une estrade afin que nous trouvions preneur. Dans le public pouvaient se trouver aussi bien nos vrais parents…» Eric-Emmanuel Schmitt, *L'Enfant de Noé.*

Réécriture

Remplacer le pronom «nous» par la 3ᵉ personne du pluriel et en utilisant le système du présent. Vous effectuerez tous les changements nécessaires :

A. Ils ne nous vendaient pas ; ils nous demandaient de défiler sur une estrade afin qu'ils trouvent preneur. Dans le public pouvaient se trouver aussi bien nos vrais parents…

B. Ils ne nous vendent pas ; ils nous demandent de défiler sur une estrade afin qu'ils trouvent preneur. Dans le public peuvent se trouver aussi bien leurs vrais parents…

C. On ne les vend pas ; on leur demande de défiler sur une estrade afin qu'ils trouvent preneur. Dans le public peuvent se trouver aussi bien leurs vrais parents…

1464. «Et si la caravane aborde un vrai village qui fait semblant de vivre encore, elle en épuise, dès le premier soir, toute la substance. Elle le nettoie comme les vers nettoient un os» *Pilote de Guerre*, Antoine de Saint-Exupery.

Mettre le nom «village» au pluriel et transposer à l'imparfait de l'indicatif. Vous effectuerez tous les changements nécessaires :

A. Et si les caravanes abordent un vrai village qui fait semblant de vivre encore, elles en épuisent, dès le premier soir, toute la substance. Elles le nettoient comme les vers nettoient un os

B. Et si la caravane abordait de vrais villages qui faisaient semblant de vivre encore, elle en épuisait, dès le premier soir, toute la substance. Elle les nettoyait comme les vers nettoyaient un os

C. Et si la caravane abordait des vrais village qui faisait semblant de vivre encore, elle en épuisait, dès le premier soir, toute la substance. Elle les nettoiyait comme les vers nettoiyaient un os.

1465. «Je sais que tu es brave, je sais que tu sauras vivre sans moi. Il faut que tu vives, toi.» Charlotte Delbo, *Une scène jouée dans la mémoire.*

Réécrire en remplaçant «tu» par la 3ᵉ personne du pluriel au féminin.

Réécriture

Effectuer tous les changements nécessaires :

    A. Je sais que nous sommes braves, nous savons que nous saurons vivre sans moi. Il faut que nous vivions, nous.

    B. Je sais qu'elles sont brave, je sais qu'elles seront vivre sans moi. Il faut qu'elles vivent, elles.

    C. Je sais qu'elles sont braves, je sais qu'elles sauront vivre sans moi. Il faut qu'elles vivent, elles.

1466. «Enfant cache ton visage
Car tu cours de grands dangers»
Jules Supervielle, *Le Forçat innocent*.

Réécrire en commençant par «enfants» :

    A. Enfants cachent ton visage / Car tu courrent de grands dangers

    B. Enfants cachez votre visage / Car vous courez de grands dangers

    C. Enfants cachez vos visages / Car ils courent de grands dangers

1467. **Réécrire au discours indirect en prose et en commençant par «l'étranger dit à l'enfant» :**

    A. L'étranger dit à l'enfant de cacher son visage parce qu'il courrai de grands dangers

    B. L'étranger dit à l'enfant de cacher son visage parce qu'il courrait de grands dangers

    C. L'étranger dit à l'enfant de cacher son visage parce qu'il court de grands dangers

1468. «En attendant, on a décidé que le jeune homme viendrait en visite. C'est Tatie qui avait fixé la date et l'heure.
Auguste est arrivé à six heures précises comme l'avait demandé Tatie – il est arrivé avec une plante en pot pour Tatie, qui ne s'y attendait pas du tout.
Ils se sont assis à la table de la cuisine : Auguste et Tatie d'un côté et Loana de l'autre.» Célestine Hitiura Vaite, *L'Arbre à Pain*.

Réécriture

Remplacer «le jeune homme», «Auguste», et «ils se sont assis» par le pronom personnel «elles». Vous effectuerez tous les changements nécessaires :

A. En attendant, on a décidé qu'elles viendraient en visite. C'est Tatie qui avait fixé la date et l'heure. Elles sont arrivées à six heures précises comme l'avait demandé Tatie – elles sont arrivées avec une plante en pot pour Tatie, qui ne s'y attendait pas du tout. Elles se sont assises à la table de la cuisine : elles et Tatie d'un côté et Loana de l'autre.

B. En attendant, on a décidé qu'elles viendraient en visite. C'est Tatie qui avait fixé la date et l'heure. Elles sont arrivé à six heures précises comme l'avait demandé Tatie – elles sont arrivé avec une plante en pot pour Tatie, qui ne s'y attendait pas du tout. Elles se sont assises à la table de la cuisine : elles d'un côté et Loana de l'autre.»

C. En attendant, on a décidé qu'elles viendront en visite. C'est Tatie qui avait fixé la date et l'heure. Elles sont arrivés à six heures précises comme l'avait demandé Tatie – Elles sont arrivés avec une plante en pot pour Tatie, qui ne s'y attendait pas du tout. Elles se sont assises à la table de la cuisine : elles et Tatie d'un côté et Loana de l'autre.»

1469. «Comme tous les autres, nous nous sommes tenus par la main pour ne pas nous perdre dans la foule. Comme tous les autres, la première nuit, nous n'avons pu trouver le sommeil, craignant que des mains vicieuses ne nous dérobent la couverture que nous nous partagions.» Laurent Gaudé. *Le Soleil des Scorta*

Réécrire en remplaçant les pronoms de la 1ère personne du pluriel par la 3ᵉ personne du pluriel :

A. Comme tous les autres, ils nous sont tenus par la main pour ne pas nous perdre dans la foule. Comme tous les autres, la première nuit, ils n'ont pu trouver le sommeil, craignant que des mains vicieuses ne nous dérobent la couverture qu' ils nous partageaient.

B. Comme tous les autres, ils se sont tenus par la main pour ne

pas se perdre dans la foule. Comme tous les autres, la première nuit, ils n'ont pu trouver le sommeil, craignant que des mains vicieuses ne leur dérobent la couverture qu'ils se partageaient.

C. Comme tous les autres, ils nous ont tenu par la main pour ne pas les perdre dans la foule. Comme tous les autres, la première nuit, ils n'ont pu trouvé le sommeil, craignant que des mains vicieuses ne leur dérobent la couverture qu'ils se partageaient.

1470. «Il était menuisier, il était passé en conseil de guerre pour mutilation volontaire, on avait trouvé des morsures de poudre sur sa main gauche blessée, on l'avait condamné à mort. Ce n'était pas vrai.» Sébastien Japrisot. *Un long dimanche de fiançailles.*

Réécrire en remplaçant le pronom «il» par celui de la 1ère personne du singulier et en mettant le verbe au présent :

A. Je suis menuisier, je suis passé en conseil de guerre pour mutilation volontaire, on a trouvé des morsures de poudre sur ma main gauche blessée, on m'a condamné à mort. Ce n'est pas vrai.

B. Je suis menuisier, je suis passé en conseil de guerre pour mutilation volontaire, on avait trouvé des morsures de poudre sur sa main gauche blessée, on m'avait condamné à mort. Ce n'était pas vrai.

C. Je suis menuisier, je suis passée en conseil de guerre pour mutilation volontaire, on a trouvé des morsures de poudre sur sa main gauche blessée, on m'avait condamné à mort. Ce n'était pas vrai.

1471. «Parvenus à la gare, nous n'osions pas bouger. Nous restions collés les uns aux autres, comme des moutons, effrayés par le bruit, les fumées, les râles de vapeur et les sifflements des locomotives. La fatigue m'a terrassé.» Didier Daeninckx, *Cannibale.*

Réécrire le passage à la 3e personne du pluriel et au féminin :

A. Parvenues à la gare, nous n'osions pas bouger. Elles restaient collées les unes aux autres, comme des moutons, effrayés par le bruit, les fumées, les râles de vapeur et les sifflements des locomotives. La fatigue les a terrassé.

B. Parvenues à la gare, elles n'osaient pas bouger. Elles restaient collées les unes aux autres, comme des moutons, effrayées par le bruit, les fumées, les râles de vapeur et les sifflements des locomotives. La fatigue les a terrassées.

C. Parvenue à la gare, elle n'osait pas bouger. Elle restait collée les unes aux autres, comme des moutons, effrayée par le bruit, les fumées, les râles de vapeur et les sifflements des locomotives. La fatigue l'a terrassée.

1472. «Il ouvre la bouche : «Darg...», aussitôt la boule de neige lui frappe la bouche, y pénètre, paralyse les dents. Il y a juste le temps d'apercevoir un rire et, juste à côté du rire, au milieu de son état major, Dargelos qui se dresse, les joues en feu, la chevelure en désordre, avec un geste immense. Un coup le frappe en pleine poitrine. Un coup sombre. Un coup de poing de marbre. Un coup de poing de statue. Sa tête se vide.» Jean Cocteau, *Les enfants terribles*.

Réécrire le passage au passé en utilisant à bon escient l'imparfait et le passé simple :

A. Il ouvrit la bouche : «Darg...», aussitôt la boule de neige lui frappa la bouche, y pénétra, paralysa les dents. Il eut juste le temps d'apercevoir un rire et, juste à côté du rire, au milieu de son état major, Dargelos qui se dressait, les joues en feu, la chevelure en désordre, avec un geste immense. Un coup le frappa en pleine poitrine. Un coup sombre. Un coup de poing de marbre. Un coup de poing de statue. Sa tête se vidait.

B. Il ouvra la bouche : «Darg...», aussitôt la boule de neige lui frappa la bouche, y pénétra, paralysa les dents. Il y avait juste le temps d'apercevoir un rire et, juste à côté du rire, au milieu de son état major, Dargelos qui se dressa, les joues en feu, la chevelure en désordre, avec un geste immense. Un coup le frappa en pleine poitrine. Un coup sombre. Un coup de poing de marbre. Un coup de poing de statue. Sa tête se vida.

C. Il ouvrait la bouche : «Darg...», aussitôt la boule de neige lui frappa la bouche, y pénétra, paralysa les dents. Il eut juste le temps d'apercevoir un rire et, juste à côté du rire, au milieu de

son état major, Dargelos qui se dressa, les joues en feu, la chevelure en désordre, avec un geste immense. Un coup le frappa en pleine poitrine. Un coup sombre. Un coup de poing de marbre. Un coup de poing de statue. Sa tête se vida.

1473. « Quand un enfant de femme et d'homme
adresse la parole à un arbre
l'arbre répond
l'enfant entend
Plus tard l'enfant
parle arboriculture
avec ses maîtres et ses parents »
Jacques Prévert, *Histoires.*

Réécrire ces vers en mettant les verbes à l'imparfait et en remplaçant « un enfant» par «des enfants». Vous effectuerez toutes les modifications nécessaires :

A. Quand des enfants de femme et d'homme / adressaient la parole à un arbre / l'arbre répondait / les enfants entendaient / Plus tard les enfants / parlaient arboriculture / avec leurs maîtres et leurs parents.

B. Quand des enfants de femmes et d'hommes / adressaient la parole à un arbre / l'arbre répondit / les enfants entendaient / Plus tard les enfant / parlèrent arboriculture / avec leurs maîtres et leurs parents.

C. Quand les enfants de femme et d'homme / adressaient la parole à des arbres / les arbres répondaient / les enfants entendaient / Plus tard les enfants / parlaient arboriculture / avec leurs maîtres et leurs parents.

1474. «Combien était paisible la nuit du jardin où embaumait le tabac. J'ai vécu dans un ranch solitaire du désert fertile de la Californie et, marchant la nuit sur le macadam de la route, je réfléchissais tranquillement à ce que je devais acheter le lendemain dans la petite ville voisine.» Elsa Triolet, *A Tahiti.*

Réécriture

Réécrire en remplaçant «je» par «nous» et en remplaçant «la nuit» par «les nuits». Effectuer toutes les modifications nécessaires :

A. Combien était paisible les nuits du jardin où embaumait le tabac. Nous avions vécus dans un ranch solitaire du désert fertile de la Californie et, marchant la nuit sur le macadam de la route, nous réfléchissions tranquillement à ce que nous devions acheter le lendemain dans la petite ville voisine.

B. Combien étaient paisibles les nuits du jardin où embaumait le tabac. Nous avons vécu dans un ranch solitaire du désert fertile de la Californie et, marchant la nuit sur le macadam de la route, nous réfléchissions tranquillement à ce que nous devions acheter le lendemain dans la petite ville voisine.

C. Combien étaient paisible les nuits du jardin où embaumait le tabac. Nous avons vécu dans un ranch solitaire du désert fertile de la Californie et, marchants la nuit sur le macadam de la route, nous réfléchissions tranquillement à ce que nous devions acheter le lendemain dans la petite ville voisine.

1475. «J'allais à la cachette de la cassonade. Je choisissais une petite bille de sucre roux. Pendant que ça fondait sur ma langue, je m'accroupissais dans la logette entre le sac des pois chiches et la corbeille des oignons ; l'ombre m'engloutissait : j'étais parti.»
Jean Giono, *Le Voyageur Immobile*.

Réécrire au présent et à la 3ᵉ personne du singulier :

A. Il va à la cachette de la cassonade. Il choisit une petite bille de sucre roux. Pendant que ça fond sur sa langue, il s'accroupit dans la logette entre le sac des pois chiches et la corbeille des oignons ; l'ombre l'engloutit : il est parti.

B. Il allait à la cachette de la cassonade. Il choisi une petite bille de sucre roux. Pendant que ça fondait sur ma langue, il s'accroupissait dans la logette entre le sac des pois chiches et la corbeille des oignons ; l'ombre l'engloutissait : il est parti.

C. Il va à la cachette de la cassonade. Il choisit une petite bille de sucre roux. Pendant que ça fondait sur ma langue, il s'accroupi dans la logette entre le sac des pois chiches et la corbeille des

oignons ; l'ombre l'engloutit : il part.

1476. «Grande fut la surprise générale quand le premier plat arriva sur la table, aussi fin, original, riche et succulent.» Michel Tournier, *Les Deux Banquets ou la Commémoration*.

Réécrire en transformant cette phrase au passé composé et en mettant «plat» au pluriel :

- A. Grande fut la surprise générale quand les premiers plats arrivèrent sur la table, aussi fin, original, riche et succulent.
- B. Grande fut la surprise générale quand les premier plats sont arrivé sur la table, aussi fins, originals, riches et succulents.
- C. Grande a été la surprise générale quand les premiers plats sont arrivés sur la table, aussi fins, originaux, riches et succulents.

1477. «Le chien noir resta la patte en l'air et les vieilles femmes laissèrent choir leur ouvrage. L'étranger venait de déboucher par la route de Soleure. Les enfants s'étaient d'abord portés à sa rencontre, puis ils s'étaient arrêtés, indécis. Quant au groupe des buveurs, « Au Sauvage », ils avaient cessé de boire et observaient l'étranger par en dessous. Celui-ci s'était arrêté à la première maison du pays (...)» Blaise Cendrars, *L'Or*.

Réécrire en mettant le verbe «resta» au présent de l'indicatif. Effectuer toutes les modifications nécessaires :

- A. Le chien noir reste la patte en l'air et les vieilles femmes laissent choir leur ouvrage. L'étranger vient de déboucher par la route de Soleure. Les enfants se portent d'abord à sa rencontre, puis ils s'arrêtent, indécis. Quant au groupe des buveurs, «Au Sauvage », ils cessent de boire et observent l'étranger par en dessous. Celui-ci s'arrête à la première maison du pays (...)
- B. Le chien noir reste la patte en l'air et les vieilles femmes laissent choir leur ouvrage. L'étranger vient de déboucher par la route de Soleure. Les enfants se sont d'abord portés à sa rencontre, puis ils se sont arrêtés, indécis. Quant au groupe des buveurs, « Au

Sauvage », ils ont cessé de boire et observent l'étranger par en dessous. Celui-ci s'est arrêté à la première maison du pays (…)

C.   Le chien noir reste la patte en l'air et les vieilles femmes laissent choir leur ouvrage. L'étranger vient de déboucher par la route de Soleure. Les enfants s'étaient d'abord portés à sa rencontre, puis ils s'arrêtèrent, indécis. Quant au groupe des buveurs, « Au Sauvage », ils cessèrent de boire et observèrent l'étranger par en dessous. Celui-ci s'est arrêté à la première maison du pays (…)

1478.   «Un jour, par exemple, il était entré dans le block mimant l'attitude d'un homme qui donne le bras à une femme. Nous étions écroulés dans nos coins, sales, écoeurés, désespérés (…). Robert traversa la baraque, continuant à offrir le bras à la femme imaginaire, sous nos regards médusés, puis il fit le geste de l'inviter à s'asseoir sur son lit.» Romain Gary, *Les Racines du Ciel.*

Réécrire comme si c'était Robert qui racontait, en remplaçant «il» par «je» et «Nous» par «Ils :

A.   Un jour, par exemple, je suis entré dans le block mimant l'attitude d'un homme qui donne le bras à une femme. Ils étaient écroulés dans nos coins, sales, écoeurés, désespérés (…). Je traversais la baraque, continuant à offrir le bras à la femme imaginaire, sous mes regards médusés, puis je fit le geste de l'inviter à s'asseoir sur son lit.

B.   Un jour, par exemple, j'entrai dans le block mimant l'attitude d'un homme qui donne le bras à une femme. Ils étaient écroulés dans leurs coins, sales, écoeurés, désespérés (…). Je traversai la baraque, continuant à offrir le bras à la femme imaginaire, sous leurs regards médusés, puis je fut le geste de l'inviter à s'asseoir sur son lit.

C.   Un jour, par exemple, J'étais entré dans le block mimant l'attitude d'un homme qui donne le bras à une femme. Ils étaient écroulés dans leurs coins, sales, écoeurés, désespérés (…). Je traversai la baraque, continuant à offrir le bras à la femme imaginaire, sous leurs regards médusés, puis je fis le geste de l'inviter à s'asseoir sur mon lit.

1479. «Naturellement, tu triomphes. Tu vas pouvoir enfin me tromper. Il y a douze ans que tu attendais ce jour, et tu t'es arrangé
pour que ce soit moi qui aie l'air d'avoir tort.» Jean Anouilh, *Épi-
sode de la Vie d'un Auteur*.

**Réécrire ce passage en remplaçant «tu» par «vous» et «je» par
«nous». Vous ferez toutes les transformations nécessaires :**

    A. Naturellement, vous triomphez. Vous allez pouvoir enfin nous
tromper. Il y a douze ans que vous attendiez ce jour, et vous vous
êtes arrangés pour que ce soit nous qui ayons l'air d'avoir tort.

    B. Naturellement, vous triomphez. Vous allez pouvoir enfin me
tromper. Il y a douze ans que vous attendez ce jour, et vous vous
êtes arrangé pour que ce soit moi qui aie l'air d'avoir tort.

    C. Naturellement, vous triomphez. Vous allez pouvoir enfin nous
tromper. Il y a douze ans que vous attendez ce jour, et vous vous
êtes arrangés pour que ce soit nous qui aiyons l'air d'avoir tort.

1480. «C'est avec un enthousiasme modéré que j'ai donné la main à
ma grand-mère en vue de la promenade qui devait nous mener jusqu'à la maison de son amie, située à quelques rues de là.
Je m'étais habituée à la routine de mon existence, à mes nuits
intranquilles, au souvenir de mes parents m'enveloppant tout
le jour comme un cocon (…)» Minh Tran Huy, *La Double
Vie d'Anna Song*.

**Réécrire en remplaçant «j'» ou «je» par «elle». Effectuer tous les
changements nécessaires :**

    A. C'est avec un enthousiasme modéré qu'elle a donnée la main
à ma grand-mère en vue de la promenade qui devait la mener
jusqu'à la maison de son amie, située à quelques rues de là.
Elle s'était habituée à la routine de son existence, à ses nuits
intranquilles, au souvenir de ses parents l'enveloppant tout le
jour comme un cocon

    B. C'est avec un enthousiasme modéré qu'elle a donné la main à sa
grand-mère en vue de la promenade qui devait les mener jusqu'à

la maison de son amie, située à quelques rues de là. Elle s'était habituée à la routine de son existence, à ses nuits intranquilles, au souvenir de ses parents l'enveloppant tout le jour comme un cocon

C. C'est avec un enthousiasme modéré qu'elle donna la main à sa grand-mère en vue de la promenade qui devait la mener jusqu'à la maison de son amie, située à quelques rues de là. Elle s'habitua à la routine de son existence, à ses nuits intranquilles, au souvenir de ses parents l'enveloppant tout le jour comme un cocon

1481. «Le tsigane lui aussi savait cela, comme il savait que Johannes était de son peuple : celui des âmes musiciennes. Il regarda l'enfant et se mit à jouer pour lui une polonaise pleine de lyrisme et de beauté (…)» Maxence Fermine, *Le Violon Noir*.

Réécrire en remplaçant «le tsigane» par «les tsiganes». Effectuer tous les changements nécessaires :

A. Les tsiganes eux aussi savaient cela, comme ils savaient que Johannes était de leur peuple : celui des âmes musiciennes. Ils regardèrent l'enfant et se mirent à jouer pour lui une polonaise pleine de lyrisme et de beauté.

B. Les tsiganes elles aussi savaient cela, comme elles savaient que Johannes était de son peuple : celui des âmes musiciennes. Elles regardèrent l'enfant et se mîmes à jouer pour lui une polonaise pleine de lyrisme et de beauté.

C. Les tsiganes eux aussi sûrent cela, comme ils sûrent que Johannes était de leurs peuples : celui des âmes musiciennes. Ils regardèrent l'enfant et se mirrent à jouer pour lui une polonaise pleine de lyrisme et de beauté.

1482. «Soudain terrorisé, et rentrant la tête dans mes épaules, je restai immobile. Mais je le vis se baisser lentement, les yeux toujours fixés sur quelque chose qui se trouvait derrière moi et plus haut que moi (…) Je me baissai à mon tour, lentement (…)» Marcel Pagnol, *Le Château de ma Mère*.

Réécriture

Réécrire en remplaçant «je» par «il». Effectuer tous les changements nécessaires :

A. Soudain terrorisé, et rentrant la tête dans mes épaules, il resta immobile. Mais il le vît se baisser lentement, les yeux toujours fixés sur quelque chose qui se trouvait derrière lui et plus haut que lui (…) Il se baissa à son tour, lentement

B. Soudain terrorisé, et rentrant la tête dans ses épaules, il restât immobile. Mais il le vut se baisser lentement, les yeux toujours fixés sur quelque chose qui se trouvait derrière lui et plus haut que lui (…) Il se baissât à son tour, lentement…

C. Soudain terrorisé, et rentrant la tête dans ses épaules, il resta immobile. Mais il le vit se baisser lentement, les yeux toujours fixés sur quelque chose qui se trouvait derrière lui et plus haut que lui (…) Il se baissa à son tour, lentement…

1483. «On entre dans la cave. Tout de suite, c'est ça qui vous prend. Les pommes sont là, disposées sur des claies – des cageots renversés. On n'y pensait pas. On n'avait aucune envie de se laisser submerger par un tel vague à l'âme. Mais rien à faire. L'odeur des pommes est une déferlante. Comment avait-on pu se passer si longtemps de cette enfance âcre et sucrée ?» Philippe Delerm, *La Première Gorgée de Bière.*

Réécrire le passage à la 1ère personne du pluriel et effectuer toutes les transformations nécessaires :

A. Nous entrons dans la cave. Tout de suite, c'est ça qui vous prend. Les pommes sont là, disposées sur des claies – des cageots renversés. Nous n'y pensions pas. Nous n'avions aucune envie de nous laisser submerger par un tel vague à l'âme. Mais rien à faire. L'odeur des pommes est une déferlante. Comment avions-nous pu nous passer si longtemps de cette enfance âcre et sucrée ?

B. Nous entrons dans la cave. Tout de suite, c'est ça qui nous prend. Les pommes sont là, disposées sur des claies – des cageots renversés. Nous n'y pensions pas. Nous n'avions aucune envie de se laisser submerger par un tel vague à l'âme. Mais rien à faire. L'odeur des pommes est une déferlante. Comment avons-nous pu nous passer si longtemps de cette enfance âcre et sucrée ?

C. Nous entrons dans la cave. Tout de suite, c'est ça qui vous prend. Les pommes sont là, disposées sur des claies – des cageots renversés. Nous n'y pensions pas. Nous n'avions aucune envie de se laisser submerger par un tel vague à l'âme. Mais rien à faire. L'odeur des pommes est une déferlante. Comment avons-nous pus nous passer si longtemps de cette enfance âcre et sucrée ?

1484. «Je contractai la rage de lire, de tout lire, de lire matin, midi et soir. Et lorsque toutes les lumières étaient éteintes, je me confectionnais une tente avec mon drap et un balai et je m'usais les yeux à la lueur d'une torche électrique.» Ernest Pépin, *Coulée d'or*.

Réécrire en remplaçant «je» par «nous» et faire toutes les modifications qui s'imposent :

A. Nous contractions la rage de lire, de tout lire, de lire matin, midi et soir. Et lorsque toutes les lumières étaient éteintes, nous nous confectionnions une tente avec notre drap et un balai et nous nous usions les yeux à la lueur d'une torche électrique.
B. Nous contractâmes la rage de lire, de tout lire, de lire matin, midi et soir. Et lorsque toutes les lumières étaient éteintes, nous nous confectionnions une tente avec notre drap et un balai et nous nous usions les yeux à la lueur d'une torche électrique.
C. Nous contractîmes la rage de lire, de tout lire, de lire matin, midi et soir. Et lorsque toutes les lumières étaient éteintes, nous nous confectionnions une tente avec nos draps et un balai et nous nous usions les yeux à la lueur d'une torche électrique.

1485. «Ils retournèrent en courant vers le hangar, prirent le plus beau des traîneaux, doublé de rouge et bordé d'un rang de grelots. Ils eurent quelque peine à le faire descendre, mais une fois l'élan donné, rien au monde ne pouvait se comparer à la rapidité de sa course ; la neige volait dans leur visages, entrait dans leur bouches entr'ouvertes ,haletantes, les aveuglait, cinglait leurs joues.» Irène Némirovsky, *Le Vin de Solitude*.

Réécriture

Réécrire en remplaçant «ils» par «nous» et en transposant les temps au futur de l'indicatif. Effectuer tous les changements nécessaires :

A. Nous retournerons en courant vers le hangar, prierons le plus beau des traîneaux, doublé de rouge et bordé d'un rang de grelots. Nous aurons quelque peine à le faire descendre, mais une fois l'élan donné, rien au monde ne pourrait se comparer à la rapidité de sa course ; la neige volera dans leur visages, entrera dans leur bouches entr'ouvertes, haletantes, les aveugleraient, cingleraient leurs joues.

B. Nous retournerons en courant vers le hangar, prendrons le plus beau des traîneaux, doublé de rouge et bordé d'un rang de grelots. Nous aurons quelque peine à le faire descendre, mais une fois l'élan donné, rien au monde ne pourra se comparer à la rapidité de sa course ; la neige volera dans nos visages, entrera dans nos bouches entr'ouvertes, haletantes, nous aveuglera, cinglera nos joues.

C. Nous retournerons en courant vers le hangar, prendront le plus beau des traîneaux, doublé de rouge et bordé d'un rang de grelots. Nous aurrons quelque peine à le faire descendre, mais une fois l'élan donné, rien au monde ne pourra se comparer à la rapidité de sa course ; la neige volera dans nos visages, entrera dans nos bouches entr'ouvertes, haletantes, les aveuglera, cinglera leurs joues.

1486. «Et deux petites filles parurent, examinant la situation avec des mines de souris qui sortent de leurs trous. Elles étaient coiffées de couronnes de feuillage, qui garantissaient leur tête contre l'ardeur du soleil.» Pierre Loti, *Le mariage de Loti*.

Réécrire en remplaçant «deux» par «une». Effectuer tous les changements nécessaires :

A. Et une petite fille parût, examinant la situation avec une mines de souris qui sort de ses trous. Elle était coiffé de couronnes de feuillage, qui garantissait sa tête contre l'ardeur du soleil.

B. Et une petite fille parut, examinant la situation avec une mine de souris qui sort de son trou. Elle était coiffée d'une couronne de feuillage, qui garantissait sa tête contre l'ardeur du soleil.

C.   Et une petite fille parue, examinant la situation avec une mine de souris qui sort de son trou. Elle était coiffée de couronnes de feuillage, qui garantissaient sa tête contre l'ardeur du soleil.

1487. «Au dernier bruit des eaux que la forêt répète,
Devant l'immensité qui s'ouvre sur ma tête,
Je m'assieds à ma porte et regarde les cieux.»
Casimir Bouis, *Poèmes de la Nouvelle*.

Réécrire à l'imparfait de l'indicatif. Effectuer tous les changements nécessaires :

A.   Au dernier bruit des eaux que la forêt répétait / Devant l'immensité qui s'ouvrait sur ma tête, / Je m'asseyais à ma porte et regardais les cieux.

B.   Au dernier bruit des eaux que la forêt répétaient / Devant l'immensité qui s'ouvrait sur ma tête, / Je m'asseiyais à ma porte et regardais les cieux.

C.   Au dernier bruit des eaux que la forêt répétaient / Devant l'immensité qui s'ouvrait sur ma tête, / Je m'assieyais à ma porte et regarde les cieux.

1488. «Les pieds dans les glaïeuls, il dort. Souriant comme
Sourirait un enfant malade, il fait un somme :
Nature, berce-le chaudement, il a froid.»
Arthur Rimbaud, *Poésies*.

Réécrire en mettant le pronom personnel «il» dès le premier vers au pluriel ainsi que le mot «enfant». Effectuer tous les changements nécessaires :

A.   Les pieds dans les glaïeuls, ils dorment. Souriant comme / Sourirait des enfants malade, ils font des sommes : / Nature, berce-les chaudement, ils ont froids.

B.   Les pieds dans les glaïeuls, ils dorment. Souriants comme / Souriraient des enfants malades, ils font un somme : / Nature, bercent-les chaudement, ils ont froids.

C. Les pieds dans les glaïeuls, ils dorment. Souriant comme / Souriraient des enfants malades, ils font un somme : / Nature, berce-les chaudement, ils ont froid.

1489. «Je n'avais pas entendu ma grand-mère entrer. Elle posa sa main sur mon épaule. Je sursautai, puis montrant la photo, je lui demandai :
"Qui c'est, cette femme ?"» Andreï MA-
KINE, *Le Testament Français.*

Réécrire le passage en remplaçant le pronom sujet «je» par «nous» :

A. Nous n'avons pas entendu ma grand-mère entrer. Elle posa sa main sur mon épaule. Nous sursautons, puis montrant la photo, nous lui demandons : Qui c'est, cette femme ?
B. Nous n'avions pas entendu nos grand-mères entrer. Elle posa sa main sur notre épaule. Nous sursautions, puis montrant la photo, nous lui demandions : Qui c'est, cette femme ?
C. Nous n'avions pas entendu notre grand-mère entrer. Elle posa sa main sur nos épaules. Nous sursautâmes, puis montrant la photo, nous lui demandâmes : Qui c'est, cette femme ?

1490. «Qu'il est beau !… chuchotait ma mère. Et tu vois comme il se sert de sa patte? Et tu vois les mouvements de sa tête et cette arrogance? Et ce tour de bec pour vider le noyau? Et remarque bien qu'il n'attrape que les plus mûres…» Colette. *Sido.*

Réécrire le passage au pluriel :

A. Qu'ils sont beaux !… chuchotait ma mère. Et tu vois comme ils se servent de leurs pattes? Et tu vois les mouvements de leurs têtes et cette arrogance? Et ces tours de bec pour vider le noyau? Et remarque bien qu'ils n'attrapent que les plus mûres…
B. Qu'ils étaient beaux !… chuchotait ma mère. Et tu vois comme ils se servaient de leurs pattes? Et tu vois les mouvements de leurs têtes et cette arrogance? Et ces tours de bec pour vider le noyau? Et remarque bien qu'ils n'attrapaient que les plus mûres…

C. Qu'ils sont beau !… chuchotait ma mère. Et vous voyez comme ils se serrent de leurs pattes ? Et vous voyez les mouvements de leurs têtes et cette arrogance ? Et ces tours de bec pour vider leur noyau ? Et remarque bien qu'ils n'attrapent que les plus mûres…

1491. «Mais, soudain, elle redéplia le papier, passa sa main dessus pour l'aplanir, et comme ayant pris une résolution… À ce moment, j'entendis mon nom : la maîtresse m'interrogeait. Je dus me lever, je récitai de manière machinale un court poème de Victor Hugo, qu'heureusement je savais fort bien.» André Gide, *Geneviève ou la Confidence inachevée.*

Réécrire en inversant les personnes : « Mais soudain, je… À ce moment, elle… » :

A. Mais soudain, je redépliais le papier, passa ma main dessus pour l'aplanir, et comme ayant pris une résolution… À ce moment, elle entendit mon nom : la maîtresse m'interrogeait. Je dus me lever, je récitai de manière machinale un court poème de Victor Hugo, qu'heureusement je savais fort bien.

B. Mais, soudain, je redépliai le papier, passa ma main dessus pour l'aplanir, et comme ayant pris une résolution… À ce moment, elle entendie son nom : la maîtresse l'interrogeait. Elle dus se lever, elle récita de manière machinale un court poème de Victor Hugo, qu'heureusement elle savait fort bien.

C. Mais, soudain, je redépliai le papier, passai ma main dessus pour l'aplanir, et comme ayant pris une résolution… À ce moment, elle entendit son nom : la maîtresse l'interrogeait. Elle dut se lever, elle récitai de manière machinale un court poème de Victor Hugo, qu'heureusement elle savait fort bien.

1492. «D'où viennent toutes les gouttes qui tombent devant moi, et mêlées à la boue enveloppent ainsi mes jambes, […] mes genoux et me glacent jusqu'au ventre ?» Maurice Genevoix, «*La Boue», Ceux de 14.*

Réécriture

**Réécrire en commençant par «Il se demandait d'où venaient... »
et en effectuant toutes les transformations nécessaires :**

   A. Il se demandait d'où venaient toutes les gouttes qui tombent devant lui, et mêlées à la boue enveloppent ainsi ses jambes, [...] ses genoux et me glacent jusqu'au ventre ?

   B. Il se demandait d'où venaient toutes les gouttes qui tombaient devant lui, et mêlées à la boue enveloppaient ainsi ses jambes, [...] ses genoux et le glaçaient jusqu'au ventre ?

   C. Il se demandait d'où venaient toutes les gouttes qui tombèrent devant lui, et mêlées à la boue enveloppèrent ainsi ses jambes, [...] ses genoux et le glacèrent jusqu'au ventre ?

1493. «Tatie a dit : « Ah ma nièce, c'est une très bonne fille. Elle va à la messe tous les dimanches [...]» Célestine Hitiura Vaite, *L'Arbre à Pain, Au Vent des Iles.*

Transformez ce passage en discours indirect. Vous commencerez votre phrase par : Tatie a dit que... :

   A. Tatie a dit que sa nièce était une très bonne fille et qu'elle allait à la messe tous les dimanches

   B. Tatie a dit que sa nièce fut une très bonne fille et qu'elle allai à la messe tous les dimanches

   C. Tatie a dit que sa nièce est une très bonne fille et qu'elle va à la messe tous les dimanches.

1494. «Le retour en autocar se fit dans l'allégresse, et l'arrivée à San Marco, avec la coupe qui passait de main en main, fut un véritable triomphe. Je gagnai ce jour-là mes titres de noblesse.» Bertrand GODBILLE, *Los Montes.*

Réécrire au conditionnel présent :

   A. Le retour en autocar se ferai dans l'allégresse, et l'arrivée à San Marco, avec la coupe qui passerai de main en main, ferai un véritable triomphe. Je gagnerai ce jour-là mes titres de noblesse.

B. Le retour en autocar se ferait dans l'allégresse, et l'arrivée à San Marco, avec la coupe qui passerait de main en main, serait un véritable triomphe. Je gagnerais ce jour-là mes titres de noblesse.

C. Le retour en autocar se fera dans l'allégresse, et l'arrivée à San Marco, avec la coupe qui passera de main en main, sera un véritable triomphe. Je gagnerai ce jour-là mes titres de noblesse.

1495. «J'écoute : le même bruit se répète et se multiplie. Surpris et curieux, je me lève, je perce à travers un fourré de broussailles du côté d'où venait le bruit, et dans une combe , à vingt pas du lieu même où je croyais être parvenu le premier j'aperçois une manufacture de bas.» Jean-Jacques Rousseau, *Les Rêveries du Promeneur Solitaire.*

Réécrivez le texte au passé. N'utilisez pas le passé composé :

A. J'écoutai : le même bruit se répéta et se multiplia. Surpris et curieux, je me lèvai, je perçai à travers un fourré de broussailles du côté d'où venait le bruit, et dans une combe , à vingt pas du lieu même où je croyais être parvenu le premier j'aperçus une manufacture de bas.

B. J'écoutai : le même bruit se répétai et se multipliai. Surpris et curieux, je me lèvai, je perçai à travers un fourré de broussailles du côté d'où venai le bruit, et dans une combe , à vingt pas du lieu même où je croyai être parvenu le premier j'apercevai une manufacture de bas.

C. J'ai écouté : le même bruit se répétait et se multipliait. Surpris et curieux, je me suis levé, j'ai percé à travers un fourré de broussailles du côté d'où venait le bruit, et dans une combe , à vingt pas du lieu même où j'ai cru être parvenu le premier j'ai aperçu une manufacture de bas.

1496. «J'ignore mon vrai nom, et je me suis habituée à ce nom que m'a donné ma maîtresse, comme s'il était celui que ma mère avait choisi pour moi. Pourtant je pense qu'un jour quelqu'un dira mon vrai nom, et que je tressaillirai, et que je le reconnaîtrai.» J. M. G. Le Clézio, *Poisson d'Or.*

<h1 style="text-align:center">Réécriture</h1>

Réécrire en remplaçant «je» par «elle» et en transposant le texte au passé. Respecter la valeur des temps :

A. Elle ignorait son vrai nom, et elle s'était habituée à ce nom que lui avait donné sa maîtresse, comme s'il était celui que sa mère avait choisi pour elle. Pourtant elle pensait qu'un jour quelqu'un dirait son vrai nom, et qu' elle tressaillirait, et qu'elle le reconnaîtrait.

B. Elle ignora son vrai nom, et elle s'habitua à ce nom que lui avait donné sa maîtresse, comme s'il était celui que sa mère avait choisi pour elle. Pourtant elle pensa qu'un jour quelqu'un dira son vrai nom, et qu'elle aurait trésailli, et qu'elle l'aurait reconnu.

C. Elle ignorait son vrai nom, et elle s'était habituée à ce nom que lui avait donnée sa maîtresse, comme s'il était celui que sa mère avait choisie pour elle. Pourtant elle pensait qu'un jour quelqu'un dirait son vrai nom, et qu'elle tressaillirai, et qu'elle le reconnaîtrai.

1497. «Je me souviens avoir fait, la nuit dernière,
Un rêve merveilleux, un songe du futur.
Je me souviens avoir fait, la nuit dernière,
Un rêve merveilleux, un songe du futur.
(...) Perdu au milieu d'un désert de sable blanc,
Je fus alors sauvé par un groupe d'enfants,
Souriant, en selles sur d'étranges montures :
De gros mammifères velus bardés de fer.
Installé sur le dos d'un de ces animaux,
Je partis donc avec ces jeunes cavaliers.»
Rodolphe Cassabois, *La Clé du Songe*.

Réécrire en remplaçant le pronom sujet «je» par «elle» :

A. Elle se souvient avoir fait, la nuit dernière, / Un rêve merveilleux, un songe du futur. / (...) Perdu au milieu d'un désert de sable blanc, / Elle fut alors sauvé par un groupe d'enfants, / Souriant, en selles sur d'étranges montures : / De gros mammifères velus bardés de fer. / Installé sur le dos d'un de ces animaux, / Elle partie donc avec ces jeunes cavaliers.

B. Elle se souvient avoir fait, la nuit dernière, / Un rêve merveilleux, un songe du futur. / (...) Perdu au milieu d'un désert de sable blanc, / Elle fût alors sauvée par un groupe d'enfants, / Souriant, en selles sur d'étranges montures : / De gros mammifères velus bardés de fer. / Installée sur le dos d'un de ces animaux, / Elle partit donc avec ces jeunes cavaliers

C. Elle se souvient avoir fait, la nuit dernière, / Un rêve merveilleux, un songe du futur. / (...) Perdue au milieu d'un désert de sable blanc, / Elle fut alors sauvée par un groupe d'enfants, / Souriant, en selles sur d'étranges montures : / De gros mammifères velus bardés de fer. / Installée sur le dos d'un de ces animaux, / Elle partit donc avec ces jeunes cavaliers

1498. «Il gênait les flâneurs, il excitait les paresseux, il ranimait les fatigués, il impatientait les pensifs, mettait les uns en gaieté, les autres en haleine, les autres en colère, tous en mouvement, piquait un étudiant, mordait un ouvrier, se posait, s'arrêtait, repartait, volait au-dessus du tumulte et de l'effort». Victor Hugo.

Réécrire en conjuguant les verbes à la 2ᵉ personne du singulier de l'indicatif présent :

A. Tu gênes les flâneurs, tu excites les paresseux, tu ranimes les fatigués, tu impatientes les pensifs, mets les uns en gaieté, les autres en haleine, les autres en colère, tous en mouvement, piquait un étudiant, mordait un ouvrier, se posait, s'arrêtait, repartait, volait au-dessus du tumulte et de l'effort.

B. Tu gênais les flâneurs, tu excitais les paresseux, tu ranimais les fatigués, tu impatientais les pensifs, mettais les uns en gaieté, les autres en haleine, les autres en colère, tous en mouvement, piquais un étudiant, mordais un ouvrier, se posais, s'arrêtais, repartais, volais au-dessus du tumulte et de l'effort .

C. Tu gênes les flâneurs, tu excites les paresseux, tu ranimes les fatigués, tu impatientes les pensifs, mets les uns en gaieté,

les autres en haleine, les autres en colère, tous en mouvement, piques un étudiant, mords un ouvrier, te poses, t'arrêtes, repars, voles au-dessus du tumulte et de l'effort.

1499. «Ils se placèrent face à face sur la scène, se branchèrent sur le même ampli. Ils nous annoncèrent qu'ils allaient jouer le 24e Caprice et qu'ils le joueraient jusqu'à ce que l'un d'entre eux soit vainqueur.» Régine Detambel, *Le Duel, in Solos*.

Réécrire en remplaçant «ils» par «elles» et en mettant les verbes au passé composé :

A. Elles sont placé face à face sur la scène, sont branché sur le même ampli. Elles nous ont annoncé qu'elles allaient jouer le 24e Caprice et qu'elles le joueraient jusqu'à ce que l'une d'entre elles soit vainqueures.

B. Elles se sont placées face à face sur la scène, se sont branchés sur le même ampli. Elles nous ont annoncées qu'elles allaient jouer le 24e Caprice et qu'elles l'avaient joué jusqu'à ce que l'une d'entre elles soient vainqueur.

C. Elles se sont placées face à face sur la scène, se sont branchées sur le même ampli. Elles nous ont annoncé qu'elles allaient jouer le 24e Caprice et qu'elles le joueraient jusqu'à ce que l'une d'entre elles soit vainqueur.

1500. «Ma seule consolation, quand je montais me coucher, était que maman viendrait m'embrasser quand je serais dans mon lit. Mais ce bonsoir durait si peu de temps, elle redescendait si vite, que le moment où je l'entendais monter, puis où passait dans le couloir à double porte le bruit léger de sa robe de jardin de mousseline bleue […], était pour moi un moment douloureux. Il annonçait celui qui allait le suivre, où elle m'aurait quitté, où elle serait redescendue. De sorte que ce bonsoir que j'aimais tant, j'en arrivais à souhaiter qu'il vînt le plus tard possible, à ce que se prolongeât le temps de répit où maman n'était pas encore venue.» Marcel Proust, *Du cCôté de chez Swann*.

Réécriture

Réécrire en commençant par : «Ma seule consolation, quand je monte me coucher…» et effectuez toutes les modifications nécessaires :

A. Ma seule consolation, quand je monte me coucher, était que maman vienne m'embrasser quand je suis dans mon lit. Mais ce bonsoir durait si peu de temps, elle redescendait si vite, que le moment où je l'entendais monter, puis où passait dans le couloir à double porte le bruit léger de sa robe de jardin de mousseline bleue […], est pour moi un moment douloureux. Il annonce celui qui allait le suivre, où elle m'aurait quitté, où elle serait redescendue. De sorte que ce bonsoir que j'aime tant, j'en arrive à souhaiter qu'il vienne le plus tard possible, à ce que se prolongeât le temps de répit où maman n'est pas encore venue.

B. Ma seule consolation, quand je monte me coucher, est que maman viendra m'embrasser quand je serai dans mon lit. Mais ce bonsoir dure si peu de temps, elle redescend si vite, que le moment où je l'entends monter, puis où passe dans le couloir à double porte le bruit léger de sa robe de jardin de mousseline bleue […],est pour moi un moment douloureux. Il annonce celui qui va le suivre, où elle m'aura quitté, où elle sera redescendue. De sorte que ce bonsoir que j'aime tant, j'en arrive à souhaiter qu'il vienne le plus tard possible, à ce que se prolonge le temps de répit où maman n'est pas encore venue.

C. Ma seule consolation, quand je monte me coucher, est que maman va venir m'embrasser quand je serais dans mon lit. Mais ce bonsoir dura si peu de temps, elle redescend si vite, que le moment où je l'entend monter, puis où passe dans le couloir à double porte le bruit léger de sa robe de jardin de mousseline bleue […], est pour moi un moment douloureux. Il annonce celui qui va le suivre, où elle m'aurait quitté, où elle sera redescendue. De sorte que ce bonsoir que j'aime tant, j'en arrive à souhaiter qu'il vienne le plus tard possible, à ce que se prolonge le temps de répit où maman n'est pas encore venue.

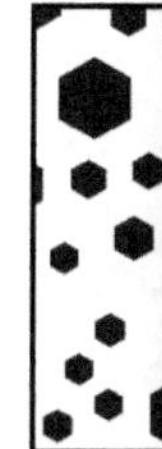

Réponses

Langue

1.   Réponse D. Des prépositions

2.   Réponse C. Les prépositions

3.   Réponse B. Lorsque n'est pas un déterminant, mais une conjonction de subordination.

4.   Réponse A. Vrai

5.   Réponse C. Qu'

6.   Réponse A. Conjonctions de subordination

7.   Réponse C. Certains est un déterminant indéfini.

8.   Réponse E. Mon, est un déterminant. Les autres mots sont des pronoms.

9.   Réponse C. Dont est un pronom relatif. Les autres mots sont des déterminants.

10.   Réponse D. Donc est une conjonction de coordination.

11.   Réponse A. Quiconque. C'est un pronom indéfini.

12.   Réponse C. Arranger. C'est un verbe d'action.

13.   Réponse C. Adjectif, conjonction de subordination, nom commun, conjonction de coordination.

14.   Réponse A. Déterminant, adverbe

15.   Réponse C. Conjonction de subordination

16.   Réponse A. Verbe

17. Réponse B. Déterminant

18. Réponse C. Pronom possessif

19. Réponse B. Firmament

20. Réponse B. Interjections

21. Réponse B. Attribut

22. Réponse B. Épithète

23. Réponse B. Attribut

24. Réponse A. Épithète

25. Réponse A. Attribut

26. Réponse C. Complément circonstanciel de Lieu

27. Réponse C. Complément d'objet indirect

28. Réponse A. Complément d'Objet Second

29. Réponse B. Complément circonstanciel de manière

30. Réponse B. Complément d'Objet direct

31. Réponse A. Épithète

32. Réponse C. Apposition

33. Réponse B. Sujet

34. Réponse C. CC de manière – CC de moyen

35. Réponse B. CC de concession

36.   Réponse A. CC de conséquence

37.   Réponse A. CC de temps

38.   Réponse B. CC de condition

39.   Réponse A. CC de manière

40.   Réponse B. CC de cause

41.   Réponse B. CC de but

42.   Réponse A. CC de lieu

43.   Réponse B. CC de concession

44.   Réponse D. Pronom relatif, COD

45.   Réponse C. Pronom, sujet

46.   Réponse C. Nom propre, sujet

47.   Réponse D. Pronom personnel, COD

48.   Réponse C. Complément d'agent, sujet.

A la voix passive, le complément d'agent indique qui fait l'action. Il est souvent introduit par la préposition «par».

49.   Réponse B. 2. «Le lendemain» est un complément circonstanciel de temps. «dans la cour de la mère Magloire» est un complément circonstanciel de lieu.

50.   Réponse B. 3 «Tous les matins» complément circonstanciel de temps. «Avec plus de volonté» complément circonstanciel de manière. «La veille», complément circonstanciel de temps.

51.   Réponse B. Une expansion du nom

52.   Réponse B. Un signe de ponctuation

53.   Réponse B. Complément du nom

54.   Réponse A. Complément du nom

55.   Réponse A. Apposition

56.   Réponse A. Apposition

57.   Réponse A. Complément du nom

58.   Réponse B. Un jeune auvergnat

59.   Réponse A. Suffocant

60.   Réponse B. Les yeux baissés

61.   Réponse B. Roi de France

62.   Réponse B. Nom propre

63.   Réponse C. Participe passé

64.   Réponse A. Proposition infinitive

65.   Réponse A. Proposition subordonnée relative

66.   Réponse C. Un fait passé bref et achevé

67.   Réponse A. Au premier plan

<u>Le passé simple</u> :

Il exprime un fait passé, bref, unique et achevé. C'est le temps du récit, de la narration au premier plan. Son emploi est utilisé lorsqu'une action brève interrompt une action plus longue (Exemple : nous roulions sur l'autoroute lorsque la voiture tomba en panne) ou lors d'une succession d'évènements (Exemple : il se leva, prit son petit-déjeuner, s'habilla et partit pour l'école).

68. Réponse A. ai, as, a, âmes, âtes, èrent

69. Réponse B. Vécut

70. Réponse B. Mit

71. Réponse C. Crut

72. Réponse A. Alla

73. Réponse B. Fus

74. Réponse B. Nous naquîmes

75. Réponse A. Je connus

76. Réponse A. promenais

77. Réponse B. arriva

78. Réponse C. croyait

79. Réponse B. vivais – décida

80. Réponse C. téléphonait – oublia

81. Réponse B. Futur antérieur

82. Réponse A. Passé antérieur

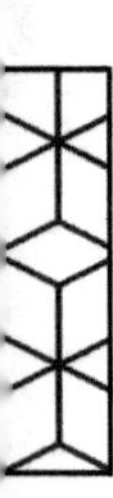

83.   Réponse B. Un fait antérieur à une autre action écrite au passé simple

84.   Réponse A. Être ou avoir au passé simple + participe passé

85.   Réponse B. Il eut vu

86.   Réponse A. Nous eûmes fait

87.   Réponse B. Ils furent partis

88.   Réponse C. Tu eus mis

89.   Réponse B. eut maîtrisé

90.   Réponse A. fut habillé

91.   Réponse B. eûmes rangé

92.   Réponse A. Un fait antérieur au moment de l'action dans un récit écrit à l'imparfait. (Lorsque le récit est écrit au passé simple, les faits antérieurs seront écrits au passé antérieur).

93.   Réponse B. Être ou avoir à l'imparfait + participe passé

94.   Réponse A. avait neigé

95.   Réponse C. s'était levé

96.   Réponse C. avait dévoré

97.   Réponse A. Nous avions pu attraper le train de 8 heures.

98.   Réponse B. Bien qu'il ait caché son argent, les voleurs l'ont découvert.

99.   Réponse A. Le conditionnel

100.   Réponse A. Le fait est réalisable, mais pas réalisé

101.   Réponse C. Atténuer l'exigence d'un propos

102.   Réponse C. Exprimer le résultat d'une condition. Le fait est réalisable, mais pas réalisé. À noter l'utilisation de la conjonction «si» suivie de l'imparfait.

103.   Réponse B. Tu voudras

104.   Réponse B. Non. J'aimerais me joindre à vous. Le verbe est au conditionnel.

105.   Réponse D. Il était certain qu'il deviendrait un grand joueur de football.

106.   Réponse C. auras

107.   Réponse B. aurais

108.   Réponse A. j'avais eu

109.   Réponse B. changerais – j'étais

110.   Réponse C. aurais-tu achetées, avais eu

111.   Réponse B. étiez pliés, n'auriez

112.   Réponse D. Un doute, une obligation, une possibilité

113.   Réponse C. 4. Subjonctif présent – passé – imparfait – plus-que-parfait

114.   Réponse B. Que tu coupes du bois

115.   Réponse A. Dès que j'aurai fini mon petit-déjeuner

116.   Réponse B. Au présent de l'indicatif

117.   Réponse B. À l'imparfait du subjonctif

118.   Réponse B. Que je sois. Que je fusse est l'imparfait du subjonctif et que je fus le passé simple de l'indicatif.

119.   Réponse B. Que nous prenions

120.   Réponse A. Que tu finisses

121.   Réponse B. Que je plaise

122.   Réponse B. Que tu puisses

123.   Réponse A. Qu'ils aillent

124.   Réponse B. Que je sente

125.   Réponse B. Qu'il pleuve

126.   Réponse B. Que nous vivions

127.   Réponse C. Que j'aie fini

128.   Réponse B. Qu'ils aient vu

129.   Réponse C. Que tu eusses pris

130.   Réponse B. Qu'il ait vaincu

131.   Réponse A. Qu'ils fussent

132.   Réponse C. Que vous rompissiez

133.   Réponse B. fussent

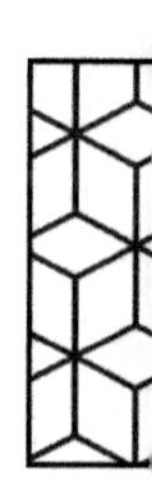

134.   Réponse C. tu aies pu

135.   Réponse B. aie envoyé

136.   Réponse A. attendent

137.   Réponse C. ayons oublié

138.   Réponse A. Il faut que j'essuies les meubles

139.   Réponse C. coure

140.   Réponse B. voulut. Cette phrase n'exprime ni un désir, ni un ordre, ni une supposition, ni un regret, ni un doute. C'est donc le passé simple qui est utilisé.

141.   Réponse B. arrivât

142.   Réponse A. La manière dont l'action est envisagée

143.   Réponse B. le présent de vérité générale. C'est le temps utilisé dans les morales, les textes explicatifs et les documentaires.

144.   Réponse B. Celui qui rapporte au présent des actions passées. Il sert à rendre plus vivant un moment ou une action du récit.

145.   Réponse C. L'imparfait. Dans un récit écrit au passé, le passé simple est utilisé pour exprimer le premier plan du récit et l'imparfait l'arrière-plan du récit.

146.   Réponse B. L'imparfait de narration

147.   Réponse B. L'imparfait duratif

148.   Réponse A. Vrai. Temporel pour situer une action dans l'avenir ou injonctif pour exprimer un ordre dans une phrase en apparence déclarative. Le futur peut enfin, exprimer une

action qui dépend d'une condition.

149.   Réponse A. Vrai

150.   Réponse B. Au passé antérieur

151.   Réponse C. Au plus-que-parfait

152.   Réponse C. Du conditionnel

153.   Réponse C. L'imparfait d'habitude

154.   Réponse B. Présent de narration

155.   Réponse A. Plus-que-parfait d'antériorité

156.   Réponse A. Présent d'habitude

157.   Réponse B. Présent d'énonciation

158.   Réponse B. Imparfait duratif

159.   Réponse A. Imparfait descriptif

160.   Réponse B. Le futur dans le passé

161.   Réponse A. Présent duratif

162.   Réponse B. Présent pour le passé récent

163.   Réponse A. Présent pour le futur proche

164.   Réponse B. Présent d'énonciation

165.   Réponse C. Imparfait itératif

166.   Réponse B. Imparfait de second plan

167.   Réponse A. Futur injonctif

168.   Réponse A. Imparfait d'habitude

169.   Réponse A. Le passé simple de premier plan. Le passé simple est utilisé pour exprimer une action délimitée dans le passé.

170.   Réponse B. Plus-que-parfait d'antériorité

171.   Réponse A. Plus-que-parfait d'antériorité

172.   Réponse B. Confessait – avait perdu – était – rachèterait

173.   Réponse C. Savait – partirais – pourrait – pourrait – avait-elle compris – étions venus

174.   Réponse C. L'infinitif

175.   Réponse B. 3. Les modes impersonnels sont ceux que l'on emploie sans pronoms personnels : l'infinitif, le gérondif et le participe.

176.   Réponse A. Gérondif

177.   Réponse B. Participe présent – gérondif

178.   Réponse B. De l'indicatif. C'est le mode qui permet de situer dans le temps.

179.   Réponse B. Du subjonctif. Il exprime des actions incertaines, liées à des souhaits ou des volontés.

180.   Réponse A. De l'injonction

181.   Réponse B. La concordance des temps

182.   Réponse B. Au passé. Passé composé, imparfait ou plus-que-parfait.

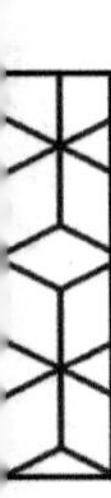

183. Réponse B. Au conditionnel

184. Réponse B. Au plus-que-parfait

185. Réponse B. Au présent

186. Réponse A. Au Futur

187. Réponse C Au passé simple ou à l'imparfait

188. Réponse A. Savait – serais

189. Réponse C. Affirmais – était

190. Réponse B. Était – critiquerait

191. Réponse C. est

192. Réponse B. serait-serait

193. Réponse C. savais – aurait neigé...

194. Réponse B. parlerais

195. Réponse B. dise – ce soit – fasse

196. Réponse B. continuent – paraît

197. Réponse B. étais – aimait – dégoûterais

198. Réponse B. Un verbe est transitif direct lorsqu'il introduit un COD.

199. Réponse B. Le verbe est transitif indirect car il introduit un COI.

200. Réponse A. Vrai. Le sens du verbe intransitif ne concerne que le sujet. Exemple : Il dort. On ne peut pas dire il dort

quelqu'un ou il dort quelque chose.

201.   Réponse D. Aimer est un verbe transitif direct les autres sont des verbes intransitifs.

202.   Réponse A. Oui. Selon leur utilisation des verbes peuvent effectivement être transitifs directs ou indirects. Exemple : Je pense que je me suis trompée (transitif direct) – je pense à toi toute la journée (transitif indirect).

203.   Réponse B. D'un attribut du sujet

204.   Réponse C. Intransitif, transitif, transitif, transitif

205.   Réponse B. Active

206.   Réponse B. Indicatif présent de la voix passive. Le sujet subit l'action, il est passif.

207.   Réponse A. Passé composé de la voix active

208.   Réponse B. Passé composé de la voix active

209.   Réponse B. Présent de la voix passive

210.   Réponse B. Nous sommes observés par les vaches qui paissent.

211.   Réponse B. Ses animaux sont amenés chez le vétérinaire par Anaïs.

212.   Réponse A. Le responsable du carnage a enfin été identifié.

213.   Réponse A. Le professeur doit rendre les copies demain.

214.   Réponse A. L'informatique a amélioré les méthodes de gestion.

215.   Réponse B. Pronominale

216.   Réponse B. Passive

217.   Réponse B. Active

218.   Réponse C. Pronominale

219.   Réponse B. Active

220.   Réponse B. Passive

221.   Réponse C. Pronominale

Si le sujet fait l'action, il s'agit de la voix active pronominale (pronom personnel réfléchi + auxiliaire être + participe passé). Si le sujet subit l'action, il s'agit de la voix passive.

222.   Réponse B. Déclarative

223.   Réponse B. 4. (Déclarative, interrogative, exclamative, injonctive).

224.   Réponse C. Injonctive

225.   Réponse C. L'impératif

226.   Réponse B. Une interdiction

227.   Réponse B. Exclamative

228.   Réponse C. Déclarative

229.   Réponse C. Injonctive

230.   Réponse B. De forme neutre

231.   Réponse B. Une phrase qui met l'accent sur un des éléments de l'action.

232.   Réponse C. De type déclarative à la forme impersonnelle

233.   Réponse B. De type déclarative à la forme emphatique

234.   Réponse A. Il passe régulièrement un chat chez moi

235.   Réponse B. Interro–négative

236.   Réponse C. Emphatique

<u>La forme emphatique</u> :

Elle permet de mettre en valeur un mot ou un groupe de
mots. Pour la reconnaître, il faut repérer :
– <u>soit</u> une modification de l'ordre des mots.
Exemple : Demain, dès l'aube, je partirai
– soit un détachement du mot en début ou en fin de phrase.
Exemple : Il vient avec nous, ton père ?
– <u>soit</u> l'utilisation d'un présentatif (c'est…qui, il y a…que,
voilà … que, etc.…)
Exemple : Voici le contrôle que j'ai rendu ; Il y a des mots
qu'on n'oublie pas.
– <u>soit</u> l'utilisation de 'pour', 'pour ce', 'qui est de', 'quant à', …
Exemple : Pour faire l'imbécile, il est champion.

237.   Réponse C. Déclarative – neutre

238.   Réponse B. Passive

239.   Réponse B. Deux comédiens ont joué la pièce

240.   Réponse B. Nominale

241.   Réponse A. Vrai

242.   Réponse C. Plusieurs verbes et propositions
243.   Réponse B. Juxtaposées

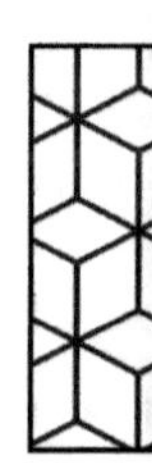

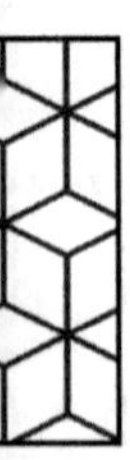

244.   Réponse A. Vrai. Elle dépend de la proposition principale.

245.   Réponse A. Un nom. La proposition subordonnée relative commence par un pronom relatif (qui, que, quoi, dont, où, …) et apparaît derrière un nom ou pronom qu'elle complète. Elle a pour fonction complément du nom.

246.   Réponse B. Un verbe. La proposition subordonnée complétive complète un verbe dont elle est complément d'objet (COD le plus souvent), elle s'introduit par la conjonction que.

247.   Réponse B. Une phrase

248.   Réponse A. La proposition subordonnée interrogative, elle complète un verbe d'interrogation, d'ignorance ou d'explication (ignorer, demander, …) Ella pour fonction complément d'objet.

249.   Réponse A. Une proposition subordonnée relative, cette proposition complète le pronom «personnes».

250.   Réponse C. Une proposition subordonnée circonstancielle. Elle peut être supprimée ou changée de place.

251.   Réponse C. Une proposition subordonnée interrogative.

252.   Réponse A. Une proposition subordonnée relative.

253.   Réponse B. Subordonnée interrogative – subordonnée interrogative.

254.   Réponse B. Subordonnée circonstancielle – subordonnée complétive.

255.   Réponse C. Subordonnée relative (complément du nom entretien) – subordonnée interrogative (complément du verbe a demandé).

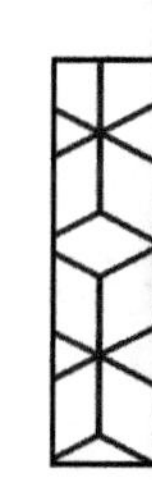

256.   Réponse C. Si bien que. C'est un complément circonstanciel de conséquence.

257.   Réponse D. De conséquence

258.   Réponse B. Complément circonstanciel (CC) de but

259.   Réponse C. CC de temps

260.   Réponse C. CC de conséquence

261.   Réponse A. CC de comparaison

262.   Réponse A. 2 «Sur la barricade», CC de lieu «qu'elle en avait coupé la hampe» CC de conséquence.

263.   Réponse B. De but. Attention cette phrase comporte 2 propositions subordonnées de but. La première «pour qu'elle vînt à sa rescousse» et la seconde «et l'aidât à tirer le mammifère sur la glace» (la conjonction de coordination «pour que» est sous-entendue).

264.   Réponse B. 2. «Parce que la viande et le vin coûtent cher» et «(parce) qu'ils ne gagnent que cinq cents francs par an.» Ce sont deux subordonnées circonstancielles de cause.

265. Réponse A. gouverneure. Une gouverneur est aussi acceptée.

266. Réponse C. entraîneuse

267. Réponse C. Une conseille. On écrit une conseil.

268. Réponse B. pompière

269. Réponse A. gendarme

270. Réponse B. Colonelle

271. Réponse B. demanderesse est la forme la plus courante, demandeuse est toutefois acceptée.

272. Réponse B. vache

273. Réponse B. chèvre

274. Réponse A. crapaude

275. Réponse C. daine

276. Réponse C. hase

277. Réponse C. biche

278. Réponse C. Une oasis

279. Réponse B. Une orbite

280. Réponse A. Un horaire

281. Réponse D. Splendide est un adjectif.

282.   Réponse A. dilemmes

283.   Réponse B. indemne. Pour ne pas oublier, penser au verbe indemniser.

284.   Réponse B. Je me permets

285.   Réponse C. Y a-t-il

286.   Réponse A. connexion. Attention, c'est un piège, bien que le verbe soit connecter la bonne orthographe est toujours connexion.

287.   Réponse A. le diagnostic

288.   Réponse A. tant pis

289.   Réponse A. termes. «En termes de» s'écrit toujours avec un «s».

290.   Réponse B. terme

291.   Réponse C. Partir est un verbe du 3e groupe

292.   Réponse A. déçu

293.   Réponse B. adorées

294.   Réponse B. préférée

295.   Réponse B. cousues

296.   Réponse A. écrue – déchirée

297.   Réponse B. issus

298.   Réponse B. achetées

299.   Réponse B. rencontrées

300.   Réponse A. aimés

301.   Réponse B. allumées

302.   Réponse A. entamé

303.   Réponse C. invitée

304.   Réponse B. choisis

305.   Réponse A. vécu

306.   Réponse B. entendus

307.   Réponse A. coûté

308.   Réponse C. achetées

309.   Réponse A. intéressants

310.   Réponse A. américain

311.   Réponse B. cueillis

312.   Réponse A. récoltées

313.   Réponse C. passés

314.   Réponse C. lancés

315.   Réponse A. pris – avaient – entassés

316.   Réponse C. décroché – défoncé – examiné

317.   Réponse B. coupé – laissée – mise

318.   Réponse A. traversé – tourné – jetée

319.   Réponse B. vêtu – noir – serrée

320.   Réponse B. sucrés-salés

321.   Réponse A. extra-fins

322.   Réponse B. poivre et sel

323.   Réponse A. extra-pures

324.   Réponse B. ivres-morts

325.   Réponse A. marron

326.   Réponse A. cerise

327.   Réponse B. bleues

328.   Réponse A. rouge vermeil

329.   Réponse A. kaki

330.   Réponse C. jaune pâle

331.   Réponse A. mauves

Les adjectifs de couleur s'accordent généralement en genre et en nombre avec le nom qu'ils qualifient.

Certains restent néanmoins invariables :
– les adjectifs de couleur composés de deux mots (Exemple: vert foncé) ;
– les adjectifs dérivés d'un nom. Exemple les noms de fruits

(abricot, cerise, orange…) ;
– les noms de fleurs (lavande, pervenche, bleuet…) ;
– les noms de matériaux (or, argent, émeraude).

Attention : Cinq exceptions sont considérées comme de véritables adjectifs qualificatifs et s'accordent : rose, écarlate, mauve, pourpre, fauve.

332. Réponse B. Les adjectifs numéraux cardinaux

333. Réponse A. Adjectifs numéraux cardinaux

334. Réponse B. Troizième. Doit s'écrire troisième.

335. Réponse C. vingt-et-unièmes

336. Réponse A. derniers

337. Réponse C. cinquante premiers

Les adjectifs cardinaux sont généralement invariables. Quelques exceptions :
0. Lorsque zéro est utilisé comme nom. (Exemple : Victor a eu deux zéros en histoire).
20. Est toujours invariable sauf pour 80 : quatre-vingts.
100. Est invariable quand il n'est pas multiplié. Il prend un «s» s'il est multiplié et s'il n'est pas suivi d'un autre nombre . (Exemple : Deux cents, trois cent quinze.) Devant mille, cent reste invariable (Exemple : Trois cent mille), mais il s'accorde devant milliers, millions, milliards. (Exemple : deux cents millions ; trois cents milliards.)
1000. Mille est toujours invariable.
Millier (s), million (s), milliard(s) s'accordent si on les multiplie. (Exemple : Des milliers, trois milliards, six millions.)
Traits d'union ? Depuis la réforme orthographique de 1990, il est admis que tous les adjectifs numéraux composés sont reliés par un trait d'union.

Orthographe

Les adjectifs ordinaux s'accordent en genre et en nombre avec le nom auquel ils se rapportent. Ils s'orthographient avec un trait d'union dans un nombre composé inférieur à 100.

338.   Réponse A. Vrai

339.   Réponse A. quatre-vingts ans

340.   Réponse A. quatre-vingt-deux ans

341.   Réponse A. Trois-cents

342.   Réponse C. Quatre-cent-dix

343.   Réponse C. Cinq-cent-vingt

344.   Réponse C. Cinq-cent-soixante-et-un-mille-deux-cent-quatre

345.   Réponse A. Trente-sept-mille

346.   Réponse C. Quatre-mille-huit-cents

347.   Réponse D. Deux-cent-mille

348.   Réponse B. Mille-huit-cent-quinze

349.   Réponse C. Quarante-sept-mille-huit-cent-quatre-vingt-seize.

350.   Réponse B. Six-millions-trois-cent-soixante-cinq-mille-huit-cent-soixante-dix-neuf

351.   Réponse A. Un-milliard-deux-cent-soixante-millions

352.   Réponse B. mercredis

353.   Réponse A. mercredi. Il n'y a qu'un mercredi par semaine.

354.   Réponse B. mercredis. Cela fait donc deux mercredis dans le mois.

355.   Réponse C. premiers dimanche

356.   Réponse C. novembres

357.   Réponse B. juillet. Les mois de l'année sont des noms communs, ils ne prennent donc une majuscule qu'en début de phrase.

358.   Réponse A. demie

359.   Réponse C. demie

360.   Réponse A. demi

361.   Réponse B. demi

362.   Réponse B. demi

363.   Réponse B. demi – demi

364.   Réponse A. demis

365.   Réponse B. demi

366.   Réponse B. demi

367.   Réponse A. demis

368.   Réponse B. demies

Demi s'accorde en genre, mais reste invariable en nombre. Exception : lorsque *demi* désigne la moitié d'une unité : ½ (Exemple : il a bu trois demis litre du lait) ou un verre de bière (Exemple : il a bu quatre demis pression).

Demi reste invariable dans un nom composé et dans l'expression «à demi».

369.   Réponse A. leur

370.   Réponse B. leurs

371.   Réponse A. leur

372.   Réponse A. leur

373.   Réponse B. leurs

374.   Réponse A. leur

375.   Réponse B. leurs

376.   Réponse B. ravis

377.   Réponse A. ravi

378.   Réponse A. anéanti

379.   Réponse A. sérieux

380.   Réponse B. avancées

381.   Réponse C. Les deux réponses peuvent être correctes, cela dépend du contexte.

382.   Réponse B. Étal

383.   Réponse A. Carnaval

384.   Réponse C. Bocals. La réponse correcte est bocaux.

385.   Réponse C. Récital - récitaux

386.   Réponse B. Éventail – éventaux. (Éventails)

Exceptions des mots courants dont le pluriel se forment avec un –s
Carnaval, chacal, étal, festival, récital, bal, régal, aval, cérémonial.

387.   Réponse A. Écrou

388.   Réponse D. Chouchoux. Les chouchous.

389.   Réponse A. Caillou – cailloux

Les noms terminés par *–ou* au singulier prennent un –s au pluriel.
Sauf : bijoux, cailloux, choux, genoux, hiboux, joujoux, poux.

390.   Réponse A. Patiemment

391.   Réponse C. Plaisamment

392.   Réponse B. Châtiment

393.   Réponse A. Gaiement

394.   Réponse A. Conséquemment

395.   Réponse B. Ardemment

396.   Réponse B. Faux. C'est un adverbe.

397.   Réponse A. Anciennement

398.   Réponse C. Prudemment

399.   Réponse B. Invariable

400.   Réponse A. Un verbe

401. Réponse B. Fréquemment

402. Réponse D. Violemment

403. Réponse B. Excellemment

404. Réponse C. Bruyamment

405. Réponse B. Assidument. Deux orthographes sont acceptées : assidûment et assidument.

406. Réponse A. Hurlement. Ce n'est pas un adverbe.

407. Réponse A. Un adverbe

408. Réponse C. Gentillement, Violemment et constamment.

409. Réponse B. Continûment. Et non continuellement. D'après le dictionnaire de l'académie française : «Continu et Continûment diffèrent de Continuel et Continuellement, en ce que Continu et Continûment se disent des choses qui ne sont pas divisées ni interrompues, depuis leur commencement jusqu'à leur fin ; et que Continuel et Continuellement se disent aussi de celles qui sont interrompues, mais qui recommencent souvent et à de courts intervalles.»

410. Réponse D. Dûment

<u>La formation des adverbes :</u>

– À partir d'un adjectif se terminant par *–ant* → *–amment*. (Exemple : Savant → savamment) ;
– À partir d'un adjectif se terminant par *– ent* → *–emment*. (Exemple : Prudent → Prudemment) ;
– à partir d'un adjectif se terminant par une voyelle, ajouter *–ment*. (Exemple : Joli → joliment) ;
– À partir d'un adjectif qui se termine par une consonne : mettre l'adjectif au féminin et rajouter la terminaison *–ent*.

(Exemple : Vif → vive → vivement - Faux → fausse → faussement.)

Attention : Si l'adjectif se termine par un -*e*, il se changera en -*ément*. (Exemple : Énorme → Énormément, Précise → précisément.)

Quelques adjectifs en –*u* prendront l'accent circonflexe en devenant des adverbes.
(Exemple : Assidu → assidûment - congru → congrû-ment - dû → dûment - crû → crûment.)

Quelques adverbes ont une formation irrégulière : genti-ment - nuitamment - sciemment.

411.   Réponse C. Des homonymes

412.   Réponse A. Des homophones

413.   Réponse A. Des homophones

414.   Réponse D. s'est

415.   Réponse A. s'est

416.   Réponse B. C'est

417.   Réponse B. sait

418.   Réponse B. ses

419.   Réponse C. Ces

420.   Réponse B. ces

421.   Réponse B. à la plage

422.   Réponse A. à manger

423.   Réponse B. a plu

424.   Réponse B. avoir affaire

425.   Réponse B. affaire

426.   Réponse B. à faire

427.   Réponse A. affaire

«A faire» s'utilise pour exprimer un travail à réaliser tandis que « affaire » s'emploie lorsque l'on est confronté à quelqu'un ou quelque chose.
Pour ne plus se tromper : remplacer la locution par «être en rapport avec». Si le sens reste correct il faudra donc l'orthographier «affaire à». A l'inverse si vous pouvez remplacer par «avoir à réaliser» il faudra l'écrire «à faire à».

428.   Réponse B. Balade. La ballade est une chanson.

429.   Réponse A. censé

430.   Réponse B. sensés. Ils n'ont pas de sens.

431.   Réponse B. davantage

432.   Réponse B. d'avantage. Il n'y a pas de bénéfice.

433.   Réponse B. emprunt

434.   Réponse B. empreint. Participe passé du verbe *empreindre* qui signifie marquer. Pour ne plus faire de faute : Le verbe empreindre est toujours suivi par la préposition «de».

435.	Réponse B. résonne

436.	Réponse B. raisonner

437.	Réponse C. résonnent

438.	Réponse B. raisonner

439.	Réponse B. satire

440.	Réponse A. satyre

441.	Réponse A. Satire

442.	Réponse B. Quant

443.	Réponse A. Quand

444.	Réponse C. demie. Devant le nom, «demi» est invariable et s'écrit avec un trait d'union. Après le nom, il s'accorde uniquement en genre.

445.	Réponse B. mêmes

446.	Réponse B. mêmes

447.	Réponse B. nous-mêmes

448.	Réponse A. vous-même

449.	Réponse A. même

450.	Réponse A. Même

451.	Réponse C. Quels que

452.	Réponse A. quelque

453.   Réponse A. quelques

454.   Réponse A. quelle que

Quand il est possible de remplacer par «plusieurs» c'est l'adjectif indéfini *quelque(s)* qu'il faut utiliser. Attention il s'accorde avec le nom auquel il se rapporte ! Lorsque qu'on peut le remplacer par «environ», «si», «aussi» il s'agit de l'adverbe invariable *quelque*.

455.   Réponse B. appel

456.   Réponse C. appelles

457.   Réponse B. appel

458.   Réponse A. balaie

459.   Réponse B. balai

460.   Réponse A. philtre

461.   Réponse B. comte

462.   Réponse C. conte

463.   Réponse B. cric

464.   Réponse B. criques

465.   Réponse B. Quoi que

466.   Réponse B. quoique

Lorsque qu'il est possible de remplacer par «bien que» il faut l'écrire en un seul mot : *quoique*. Tandis que si l'on peut remplacer par «quelle que soit la chose que» c'est en 2 mots.

467.   Réponse C. Y.

468.   Réponse B. On n'aperçoit pas de bateaux. Ne pas oublier la négation !

469.   Réponse C. succédé. Succéder est un verbe pronominal qui ne peut avoir de COD. Il ne s'accorde donc jamais !

470.   Réponse C. se sont promenées.

471.   Réponse B. se sont lavé. Le COD est placé après le verbe.

472.   Réponse B. aimés

473.   Réponse C. dit

474.   Réponse A. parlé

475.   Réponse B. appelés

476.   Réponse C. téléphoné

477.   Réponse A. enfuis

478.   Réponse B. repentie

479.   Réponse A. préparé

480.   Réponse A. souvenue

481.   Réponse A. permis

482.   Réponse A. évanouie

483.   Réponse A. fait

484.   Réponse A. rendu

485.   Réponse C. timbres-poste

486.   Réponse A. grands-pères

487.   Réponse B. coffres-forts

488.   Réponse A. garde-manger

489.   Réponse A. des laissez-passer

490.   Réponse C. tête-à-tête

491.   Réponse B. pied-à-terre

492.   Réponse A. taille-crayons

493.   Réponse C. des tout-petits

494.   Réponse A. haut-parleurs

495.   Réponse B. sages-femmes

496.   Réponse C. faire-valoir

497.   Réponse C. sourds-muets

498.   Réponse A. rouges-gorges

499.   Réponse B. garde-boues

500.   Réponse B. couvre-lits

501.   Réponse B. tragi-comédies

502.   Réponse A. monte-charges

503.   Réponse B. des arcs-en-ciel

504.   Réponse A. rez-de-chaussée

505.   Réponse B. arrière-grands-mères. L'orthographe : arrière-
        grand-mères est aussi acceptée.

Vocabulaire

506.   Réponse D. L'ornithophobie

507.   Réponse C. L'acrophobie est la phobie des lieux élevés.

508.   Réponse C. L'hostilité envers les étrangers

509.   Réponse C. La photophobie

510.   Réponse A. Des mots ayant un ancêtre commun qui partagent donc une origine et une racine communes.

511.   Réponse B. Faux. Par exemple : Loi, légal, législation n'ont pas le même radical, ils appartiennent pourtant à la même famille. Leur ancêtre commun est le mot latin : *lex*, *legis* qui signifie Loi.

512.   Réponse C. Jeu

513.   Réponse B. Sceau

514.   Réponse A. Pied

515.   Réponse B. Politique

516.   Réponse D. Inspirer

517.   Réponse E. Encolure

518.   Réponse A. Un maréchal

519.   Réponse B. Le temps

520.   Réponse C. La voix

521.   Réponse D. Des Dieux et des religions

522.   Réponse C. Du terme et des dénominations

523.   Réponse A. Des idées, croyances et doctrines

524.   Réponse C. Les arbres avec des fruits à pépins

525.   Réponse D. L'hydrogéologie

526.   Réponse C. Des reptiles et des amphibiens

527.   Réponse B. Même famille

528.   Réponse C. Des mots provenant de la fusion de 2 radicaux. Exemple : abribus (abriter et autobus), téléthon (télévision et marathon) clavarder (clavier et bavarder).

529.   Réponse B. Corporatif

530.   Réponse C. Le radical

531.   Réponse A. Le suffixe. Il forme alors un mot de la même famille.

532.   Réponse B. le préfixe. Il forme alors un mot de la même famille.

533.   Réponse E. Mésaventure

534.   Réponse C. Métropole – agglomération - capitale - ville - bourg - village - hameau

535.   Réponse B. Brume

536.   Réponse D. Giboulée

537.   Réponse B. Étoile

538.   Réponse A. Liberté

539.   Réponse B. Différent. Exemple Hétérogène.

540.   Réponse C. Science. Exemple : La biologie est la science de la vie (bio).

541.   Réponse B. Démos. Exemple : Le mot démocratie vient du grec *démos* (peuple) et *kratos* (pouvoir). Le pouvoir est détenu par le peuple.

542.   Réponse A. Droit. Ce préfixe sert à former des mots relatifs à la justesse, la droiture.

543.   Réponse B. Qui déteste. Exemple : Le mot xénophobe provient du grec *xénos* (étranger) et *phobos* (fuite, effroi).

544.   Réponse B. Humide

545.   Réponse B. Loi

546.   Réponse D. En dessous. Ce préfixe vient du latin *subtus* : en dessous, par-dessous.

547.   Réponse B. La négation ou l'absence

548.   Réponse A. Extra. Exemple : Extraordinaire, extrapoler, extra-plat.

549.   Réponse C. Prénom

550.   Réponse A. Des doublets étymologiques. Hôtel et hôpital proviennent tous deux du latin *hospitalis*. Voici d'autres exemples : Poison – potion ; Volaille – volatile ; écouter –ausculter.

551.   Réponse A. Bien sûr

Vocabulaire

552.   Réponse E. Décerner.

553.   Réponse B. Décerner

554.   Réponse A. À dessein

555.   Réponse B. Au vu

556.   Réponse C. en vue

557.   Réponse A. La polysémie

558.   Réponse A. Celui que l'on trouve dans le dictionnaire. C'est le sens objectif d'un mot. Il peut exister plusieurs sens dénotés : le sens propre ou figuré.

559.   Réponse B. Celui qui dépend du contexte. Il peut être mélioratif ou péjoratif. Son sens implicite est reconnu par le locuteur et son destinataire. Exemple : l'adjectif blanc aura une connotation différente selon le contexte. En Occident le blanc est la couleur du mariage tandis qu'en Orient c'est la couleur portée le jour du deuil.

560.   Réponse B. Conoté.

561.   Réponse A. Ville familière où tout le monde se connaît. Cette connotation suggère un univers familier, rassurant, mais aussi vulnérable.

562.   Réponse A. Qui est à l'horizontale

563.   Réponse A. Courant

564.   Réponse C. Vacarme, incriminer, plaisanter

565.   Réponse C. Familier

566.   Réponse B. Qui est ce qui m'a volé ma gomme ?

567. Réponse A. Bambin. Enfant appartient au langage courant. Gamin est également familier.

568. Réponse D. Merveilleux. langage soutenu.

569. Réponse B. Courant. «Godasses» en langage familier et «souliers» en langage soutenu.

570. Réponse B. ravissant – dérober – endommagé

571. Réponse A. paumée – baraque – toubib – casse-pieds. La réponse B correspond au langage courant, la C au langage soutenu.

572. Réponse B. Langage courant.

573. Réponse B. Martine trouve hilarant de raconter des tromperies toute la journée

574. Réponse B. Constance a eu un accident avec sa voiture

575. Réponse B. Ce croulant crèche dans la baraque du dernier étage

576. Réponse B. Peur

577. Réponse D. Ami – pote – camarade. Les trois premières réponses respectent l'ordre suivant : langage soutenu – courant – familier.

578. Réponse C. Pépin : langage familier.

579. Réponse A. Attraper

580. Réponse A. Que désirez-vous, Monsieur, ce matin, des tomates ?

581.   Réponse A. Le sens premier d'un mot, le plus courant.

582.   Réponse B. Au sens figuré

583.   Réponse B. Sens figuré

584.   Réponse A. Sens propre

585.   Réponse A. Sens figuré

586.   Réponse B. Sens propre

587.   Réponse A. Sens propre

588.   Réponse A. Sens figuré

589.   Réponse B. Sens figuré

590.   Réponse B. Je me décidai

591.   Réponse C. Échevelé

592.   Réponse C. Des paronymes

593.   Réponse B. Coasser – croasser. La réponse A donne des synonymes et la réponse C des homonymes.

594.   Réponse B. Ininterrompu

595.   Réponse A. Innombrable

596.   Réponse B. Impalpable

597.   Réponse A. effleuré

598.   Réponse B. amnistie

599.   Réponse A. infraction

600.	Réponse A. éruption

601.	Réponse A. inanition

602.	Réponse B. précepteur

603.	Réponse A. prescrit

604.	Réponse B. résonne

605.	Réponse A. l'attention.

Dans un mail ou une lettre la mention «à l'attention de» précise le destinataire. «A l'intention» désigne que la démarche est faite en l'honneur de quelqu'un. Pour ne plus se tromper remplacer la locution par «en l'honneur de» si le sens reste correct c'est donc «à l'intention de» qu'il faut employer.

606.	Réponse B. le prolongement

607.	Réponse A. affluence

608.	Réponse A. affligée

609.	Réponse B. l'apparier

610.	Réponse C. Un apologue

611.	Réponse B. L'éloge

612.	Réponse B. bribes

613.	Réponse B. dévaluation

614.	Réponse A. décelé

615.	Réponse A. décuplé

616.   Réponse B. Une maxime

617.   Réponse C. Un proverbe

618.   Réponse A. Un dicton

– <u>Le dicton</u> a un but pratique. Il est assez souvent régional et concerne les choses de la nature. À l'origine, il aidait la population à se souvenir des moments où il fallait planter ou semer certaines graines, prévoir la météo etc. Dans les dictons, on retrouve souvent le nom des saints et des mois. Exemple : Après la pluie le beau temps ; En avril, ne te découvre pas d'un fil ; En mai, fais ce qu'il te plaît.
– <u>Le proverbe</u> est souvent lié à des pays précis ou des régions. Il a un sens assez général du point de vue de la philosophie de vie.
Exemple : L'habit ne fait pas le moine ; Il ne faut pas mettre tous ses œufs dans le même panier ; chacun voit midi à sa porte.
– <u>La maxime</u> énonce une règle de conduite ou une règle morale. Exemple: Ma liberté s'arrête là où commence celle des autres ; Ne pas faire à autrui ce que je ne voudrais pas qu'il me fasse ; Qui vole un œuf vole un bœuf.

619.   Réponse B. détonne. Le verbe détoner signifie exploser. Exemple : Un explosif a détoné la nuit du 14 décembre.

620.   Réponse C. apporter

621.   Réponse A. apporter. Pour ne pas oublier : On amène quelqu'un, on apporte quelque chose.

622.   Réponse A. emmène

623.   Réponse A. amène. Le verbe amener ne s'utilise que pour des individus ou des animaux. La différence avec le verbe emmener est légère. Le verbe emmener met l'accent sur le lieu que

l'on quitte et dont on s'éloigne tandis que le verbe amener met l'accent sur le lieu d'arrivée.

624.   Réponse A. apporter

625.   Réponse D. emporter

626.   Réponse A. apporter

Apporter ou Emporter ? La règle est la même que pour amener et emmener. Le préfixe -*a* met l'accent sur le lieu d'arrivée tandis que le préfixe -*em* met l'accent sur le lieu dont on s'éloigne.

627.   Réponse B. opportun

628.   Réponse B. importune

629.   Réponse C. Agaçant

630.   Réponse A. Une conjoncture économique. En cas de doute remplacez le mot par «hypothèse», si le sens reste correct il s'agit de la conjecture.

631.   Réponse A. une allocution télévisée

632.   Réponse A. Un serpent venimeux. Penser au venin.

633.   Réponse B. Son inclinaison

634.   Réponse A. Une inclination pour les mathématiques. Inclinaison et inclination sont des paronymes. L'inclinaison est relatif à ce qui est incliné, penché, tandis que l'inclination est un goût, un penchant pour quelque chose.

635.   Réponse A. La collision entre les 2 véhicules

636.	Réponse A. Un accord le plus souvent malhonnête

637.	Réponse B. Agoniser

638.	Réponse A. au temps pour moi. Issue du jargon militaire cette expression signifie que l'on reconnaît son erreur et que l'on reprend tout à zéro. À ne pas confondre avec la locution «autant pour moi» qui signifie que l'on veut la même chose. Exemple : Je vais prendre un café, ... autant pour moi !

639.	Réponse B. Synonymes

640.	Réponse A. Des homonymes

641.	Réponse A. Des antonymes

642.	Réponse A. Des paronymes

643.	Réponse C. Erreur

644.	Réponse B. vers - ver

645.	Réponse B. le krach

646.	Réponse C. crac

647.	Réponse A. crack

648.	Réponse C. rênes

649.	Réponse B. sot – sceau – seau

650.	Réponse C. court – cour - cours – court – courre

651.	Réponse C. met – mets – mais – mes

652.	Réponse B. raz

653.   Réponse C. vain

654.   Réponse C. pouls

655.   Réponse B. Tous – tout

656.   Réponse B. tort

657.   Réponse C. tords

658.   Réponse A. tort

659.   Réponse C. tain

660.   Réponse C. thym

661.   Réponse B. teint

662.   Réponse B. tint

663.   Réponse A. cahots

664.   Réponse B. chaos

665.   Réponse C. tribu

666.   Réponse B. tribut

667.   Réponse B. tique

668.   Réponse B. foie

669.   Réponse C. fois

670.   Réponse A. close

671.   Réponse B. pécher

672. Réponse B. différend

673. Réponse B. Les serfs

674. Réponse C. Tous, se, son, sont, ses

675. Réponse C. Le marais, la paix, le panais

676. Réponse C. Règne et non pas reigne.

677. Réponse C. Libérer

678. Réponse C. Triste

679. Réponse E. Vieillesse. C'est un piège ! Des synonymes.

680. Réponse A. Affliction

681. Réponse D. Inclination

682. Réponse D. Porche

683. Réponse B. Déplorable, pernicieux, préjudiciable

684. Réponse D. Nier

685. Réponse B. Prohiber

686. Réponse B. Avare, avide, économe

687. Réponse A. Insidieux

688. Réponse D. Exalter. Les autres mots sont tous des synonymes de «se moquer».

689. Réponse B. Synonyme

690. Réponse B. Débonnaire est un synonyme de bienveillant

691.　Réponse B. absoudre

692.　Réponse B. dissonance

693.　Réponse D. Farouche

694.　Réponse C. Émettre

695.　Réponse C. Commettre

696.　Réponse D. Conclure

697.　Réponse C. Mener

698.　Réponse B. Consacrer

699.　Réponse B. Figure

700.　Réponse C. Souffre

701.　Réponse C. Attirer

702.　Réponse B. Effectuer

703.　Réponse D. Considérer

704.　Réponse C. Dénoté

705.　Réponse B. manufacturer. Ce sont des synonymes du verbe faire employés pour la création d'un objet.

706.　Réponse C. Arriver, se présenter, se produire. Les deux premières listes sont des synonymes du verbe mettre.

707.　Réponse B. contraste avec

708.　Réponse C. contredisent les

Vocabulaire

709.   Réponse B. suscité

710.   Réponse C. Paradoxe

711.   Réponse D. Consécutif. Les autres propositions permettent
d'exprimer l'opposition.

712.   Réponse A. Concéder

713.   Réponse C. Admirer, émerveiller, apprécier. Contempler
signifie regarder avec admiration.

714.   Réponse B. S'extasier, juger, féliciter

715.   Réponse C. Insinuer, blâmer, persifler

Afin de gagner des points en rédaction, il est important de varier son vocabulaire et de chasser les verbes
passe-partout (dire, faire, mettre, demander...) en les
remplaçant par d'autres verbes qui permettent d'affiner
son propos en apportant des nuances supplémentaires.

716.   Réponse C. Solliciter, interroger, sonder

717.   Réponse C. Rétorquer

718.   Réponse B. bredouiller

719.   Réponse C. Rance

720.   Réponse D. pimenté. Tous les autres adjectifs se rapportent
aux perceptions olfactives.

721.   Réponse D. marmonner

722.   Réponse A. Renchérir, poursuivre, persister

723.   Réponse A. Répliquer, avouer, répondre, rétorquer

724.   Réponse C. Avaler, déguster, cracher, écœurer

725.   Réponse C. Siroter, avaler, déguster, se délecter

726.   Réponse C. dévorer

727.   Réponse C. ironiser

728.   Réponse B. épier

729.   Réponse B. Premièrement

730.   Réponse B. De situer des éléments dans le temps

731.   Réponse C. En outre, par ailleurs, bref, ensuite

732.   Réponse D. Par ailleurs

733.   Réponse C. La transition

734.   Réponse C. De plus, ensuite, ainsi que, en outre

735.   Réponse B. Autrement dit, en d'autres termes, bref, en résumé

736.   Réponse B. Ainsi, d'où, de sorte que, en conséquence

737.   Réponse C. Par conséquent, de sorte que, d'où

738.   Réponse C. néanmoins. Ce sont tous des connecteurs logiques permettant d'exprimer l'opposition.

739.   Réponse D. L'explication

740.   Réponse C. à l'inverse, toutefois, au contraire

741.   Réponse B. Faute de, à force, à cause de

742.   Réponse B. Selon que, à supposer que, en admettant que

743.   Réponse A. Étant donné que, puisque, attendu que, car

744.   Réponse C. En outre. Les autres mots permettent de conclure un propos, une argumentation.

745.   Réponse D. De surcroît

746.   Réponse A. au contraire

747.   Réponse C. Aussi, ainsi, alors, par conséquent

748.   Réponse B. De plus, par ailleurs, ensuite, en outre

749.   Réponse D. Ver

750.   Réponse A. Jadis. «Naguère» signifie il y a peu de temps (il n'y a guère de temps), il doit s'employer au sens de récemment. À l'inverse «jadis», exprime un passé lointain : autrefois, il y a fort longtemps. Enfin, «antan» désigne l'année qui précède.

751.   Réponse B. Je pars pour le marché. En revanche je vais au marché … Le verbe aller est suivi de la préposition *à*, tandis que le verbe partir est suivi de la préposition *pour*.

752.   Réponse A. Je parle avec mon frère. Parler à quelqu'un ou parler de quelqu'un ou quelque chose. La formulation correcte pourrait être «causer avec», …

753.   Réponse B. Faux. On évite quelque chose (pour soi), par exemple un ennui, un danger … et on épargne quelque chose à quelqu'un. La phrase doit donc être : J'ai épargné cette peine à ma mère.

754.   Réponse A. Tu n'es pas sans ignorer

755.   Réponse B. Invectiver contre quelqu'un

756.   Réponse A. Remédier à quelque chose

757.   Réponse A. Appelle-moi demain, je suis sur Paris. L'utilisation de la préposition sur est incorrecte car elle induit une position physique supérieure. Après qu'il a fini son film est une formulation correcte. En effet à la suite de «après que» il convient d'utiliser le mode indicatif et non le subjonctif. Après qu'il soit venu est donc couramment employé, mais incorrect.

758.   Réponse B. Assis-toi

759.   Réponse A. Je me rappelle de mon passé. La formulation correcte est : Je me rappelle mon passé. Se rappeler quelque chose et non de quelque chose.

760.   Réponse B. Non. La phrase n'est pas correcte, il convient de dire entrer, circuler dans un tunnel en non sous un tunnel.

761.   Réponse A. cher. Dans cette phrase «cher» est employé comme adverbe, il est donc invariable.

762.   Réponse C. Cet homme est très cultivé. On dit «brosser le portrait de quelqu'un» et inutile de rajouter «à l'avance» après le verbe prévoir c'est un pléonasme.

763.   Réponse B. J'ai pris le parti de Bernard

764.   Réponse C. Nous les battrons lors de la revanche est la phrase correcte. Il faut dire : Vous prendrez bien une place de thé et Que mettriez-vous à ma place.

765.   Réponse B. Incorrecte. Il convient de dire : Un bus passe toutes les dix minutes. «Chaque» est un adjectif singulier qui ne doit s'utiliser qu'avec des noms singuliers.

766.	Réponse B. Grâce au sport, j'ai pallié mon manque de cigarettes. Pallier (combler, compenser) quelque chose et non pallier à quelque chose.

767.	Réponse B. J'ai confiance dans votre envie de réussir. Avoir confiance en quelqu'un ou dans quelque chose.

768.	Réponse C. Les deux expressions sont correctes, mais non pas exactement le même sens.

769.	Réponse A. Incorrect : le pluriel du mot travail est travaux. Il convient donc de remplacer le mot travail par emploi, profession, activité, …

770.	Réponse A. Je vous prie d'agréer (…), l'expression de mes salutations distinguées. En effet, le mot «expression» doit être suivi d'un nom évoquant un sentiment. Les 2 autres propositions sont donc correctes.

771.	Réponse B. L'art de bien parler

772.	Réponse A. Une apologie

773.	Réponse B. Un nouveau mot

774.	Réponse A. Identifier des mots et/ou des expressions

775.	Réponse B. Le thème principal

776.	Réponse C. Stratégie, armée, bataille

777.	Réponse B. L'espoir

778.	Réponse B. L'autobiographie

779.	Réponse C. Déjeuner

780.	Réponse C. De la jeunesse

Vocabulaire

781.   Réponse A. Complice

782.   Réponse D. certitude

783.   Réponse A. Sincérité n'appartient pas au champ lexical du mensonge.

784.   Réponse B. Concerné

785.   Réponse A. L'initiateur

786.   Réponse C. Épilogue. Les autres mots évoquent un début.

787.   Réponse D. Prétention

788.   Réponse B. Arrivisme

789.   Réponse B. Briguer, convoiter, aspirer, prétendre

790.   Réponse C. Soutenu

791.   Réponse A. Gratification

792.   Réponse A. Vêtement. Plus précisément des vêtements usés, des misérables

793.   Réponse D. Charmant. Les autres adjectifs sont dévalorisants, péjoratifs.

794.   Réponse A. formidable

795.   Réponse C. requérir. Définition : réclamer en vertu d'un droit légal.

796.   Réponse B. Une révolution

797.   Réponse A. Soutenu

<h1 style="text-align:center">Vocabulaire</h1>

798. Réponse A. Un soulèvement populaire non organisé.

799. Réponse B. Prolétariat, famine, pauvreté, privation, précarité

800. Réponse A. Fantastique

801. Réponse C. Appeuré, angoissé, effrayé. Les deux premières listes relèvent du surnaturel tandis que la dernière appartient au registre des émotions.

802.   Réponse A. Un style de texte ayant des caractéristiques communes

803.   Réponse D Le genre comique

804.   Réponse B. Histoire brève, un seul fil narratif, peu de personnages

805.   Réponse A. Une chute

806.   Réponse A. Lorsqu'un dialogue est destiné aux acteurs et au public

807.   Réponse A. Un genre littéraire qui désigne un échange de correspondance. Le mot épistolaire vient du grec *épistolé* qui veut dire lettre.

808.   Réponse A. Le type de langage utilisé : soutenu, courant, familier ou grossier

809.   Réponse A. Le genre narratif

810.   Réponse C. Un récit court

811.   Réponse A. Une fable

812.   Réponse B. Faux. C'est l'une des différences entre le conte et la fable. La fable est généralement plus courte.

813.   Réponse B. Faux

814.   Réponse C. Le registre littéraire est défini par l'émotion que l'auteur a voulu produire sur son lecteur, son auditeur : Comique, satirique, ironique, tragique, lyrique, fantastique, …

815.   Réponse A. Un genre littéraire. Le roman est un sous-genre du genre narratif.

816.   Réponse A. Un genre littéraire. Plus précisément un sous-genre, du genre narratif.

817.   Réponse D. Le registre comique

818.   Réponse A. Le registre réaliste

819.   Réponse B. Le registre merveilleux. Le registre merveilleux est celui utilisé dans les contes, un monde irréaliste, mais que l'on accepte de croire. En revanche les histoires inquiétantes, effrayantes qui semblent vraisemblables tout en étant incroyables relèvent du registre fantastique. En bref, une histoire fantastique est plus susceptible de vous arriver !

820.   Réponse C. Le registre tragique

821.   Réponse B. Le registre fantastique. Un univers vraisemblable, un événement surnaturel et une remise en question de cet événement. Les thèmes principaux sont la mort, le mystère, l'au-delà. C'est un registre souvent usité dans les nouvelles et souvent rédigé à la $1^{\text{ère}}$ personne.

822.   Réponse A. Le registre lyrique

823.   Réponse B. Le registre didactique

824.   Réponse C. Le registre épique.

825.   Réponse B. Le registre pathétique. Victor Hugo dans *Les Misérables* en mettant en scène une jeune fille, Cosette, orpheline et maltraitée utilise un registre pathétique afin d'émouvoir le lecteur.

826.   Réponse B. Le registre dramatique. Dans le registre dramatique, une fin heureuse est envisageable tandis que dans le

registre tragique les chances de réussite sont nulles, la fin est souvent la mort.

827.   Réponse A. Le registre polémique. Ce registre suppose une attitude critique.

828.   Réponse A. Le registre tragique. Exemple : *Roméo et Juliette* de W. Shakespeare.

829.   Réponse A. Du registre lyrique. Expression des sentiments, de l'amour, de la nostalgie ; accent particulier sur la musicalité et le rythme du texte. Très souvent les texte lyriques sont écrits à la 1ère personne.

830.   Réponse A. Le registre satirique

831.   Réponse A. Le roman

832.   Réponse B. Une figure de style.

Essentielles pour l'étude et l'analyse d'un texte, vous devez connaître et être en mesure de repérer les figures de style. Pourquoi l'auteur a-t-il utilisé cette figure ? Quel message veut-il transmettre ? Quel est le rôle de cette figure ? Exprimer l'opposition ? Une ressemblance ? L'auteur cherche-t-il à atténuer son propos ou au contraire souhaite-t-il l'exagérer ?

833.   Réponse B. La ressemblance

834.   Réponse B. Faux.

835.   Réponse B. Comparaison

836.   Réponse A. Métaphore

837.   Réponse A. Vrai

Les figures de la ressemblance permettent d'accentuer les ressemblances et les différences, de donner plus d'allure à ce qui est écrit et d'imager les descriptions.

838.   Réponse B. Métaphore

839.   Réponse A. Une allégorie

840.   Réponse B. La faucheuse

841.   Réponse B. La paix

842.   Réponse B. Personnification

843.   Réponse A. Vrai

844.   Réponse B. Métaphore

845.   Réponse A. Comparaison

846.   Réponse C. Comparaison. Utilisation du mot comparatif «ressemblait».

847.   Réponse B. Métaphore

848.   Réponse B. Personnification

849.   Réponse C. Comparaison

850.   Réponse C. Hyperbole. Ce n'est pas une figure de la ressemblance.

851.   Réponse C. Comparaison

852.   Réponse A. Comparaison

853. Réponse C. Métaphore

854. Réponse B. Les étoiles : comparant - Le ciel comparé.

855. Réponse A. Trous : comparé / tombeaux comparant.

Dans une comparaison, on trouve un comparant, un comparé, un outil de comparaison et un point commun. Ce dernier est souvent implicite et c'est donc ce qu'il faudra élucider en analysant le texte. «Des trous grands comme des tombeaux.» Dans cette phrase l'accent est mis sur la grandeur, la dimension. «La musique souvent me prend comme une mer !» Charles Baudelaire, le point commun est la force d'emportement. Dans une métaphore le comparé est en général implicite. C'est donc lui qu'il faudra trouver et nommer en lecture analytique.

856. Réponse B. L'insistance. On les appelle aussi figures de répétition ou d'amplification.

857. Réponse A. La périphrase

858. Réponse C. Une anaphore

859. Réponse B. L'hyperbole

860. Réponse B. Hyperbole

861. Réponse B. Anaphore

862. Réponse B. L'énumération. Elle est souvent introduite par les deux-points.

863. Réponse B. La gradation

864. Réponse A. Vrai

865.   Réponse B. Gradation

866.   Réponse B. Une hyperbole

867.   Réponse C. Gradation

868.   Réponse C. Les deux

869.   Réponse B. Hyperbole

870.   Réponse A. Énumération

871.   Réponse B. Anaphore

872.   Réponse B. Le pléonasme

873.   Réponse B. Pléonasmes

874.   Réponse B. Les figures d'opposition

875.   Réponse A. La périphrase est une figure de substitution, tandis que l'antithèse, l'antiphrase et l'oxymore sont des figures de l'opposition.

876.   Réponse A. L'antithèse

L'antithèse est souvent présente dans les proverbes, les maximes. C'est une figure de style qui crée souvent un effet de surprise et qui insiste et souligne les qualités.

877.   Réponse A. L'association dans un même groupe syntaxique de deux mots aux sens opposés. Le but de l'oxymore est de créer la surprise chez le lecteur.

878.   Réponse B. Antithèse

879.   Réponse A. Antithèse

<u>Pour bien différencier antithèse et oxymore :</u>

Dans l'antithèse les deux éléments qui s'opposent sont généralement dans 2 propositions différentes : Exemple : « Elle aime les morts et hait les vivants - Le paradis des uns, c'est l'enfer des autres - Mon bras est invaincu, mais non pas invincible».
L'oxymore, lui n'a pas de séparateur entre les 2 mots ou expressions qui s'opposent. Enfin, un oxymore juxtapose très souvent un nom avec un adjectif : Exemple : douce violence.

880.   Réponse A. Oxymore. C'est un oxymore, car il y a un nom et un adjectif.

881.   Réponse A. Antithèse

882.   Réponse B. Oxymore

883.   Réponse C. Oxymore

884.   Réponse C. Un chiasme. Cette figure de style donne du rythme à une phrase, elle permet de renforcer une antithèse ou au contraire de souligner l'union de deux réalités.

885.   Réponse A. Antithèse

886.   Réponse B. Chiasme

887.   Réponse B. Antiphrase. Cette figure de style laisse entendre le contraire de ce que l'on pense. La tournure de la phrase et son contexte permettent de la relever. L'antiphrase met en évidence l'absurdité ou la fausseté d'une idée. Elle est souvent utilisée

pour ridiculiser, critiquer, ironiser. Ainsi Voltaire ou Jules Renard qui sont de célèbres ironistes utilisent souvent ce procédé.

888.   Réponse A. Oxymore

889.   Réponse C. Antithèse

890.   Réponse C. Antithèse

891.   Réponse A. Comparaison et hyperbole. Attention les figures de style peuvent se combiner entre elles !

892.   Réponse C. Hyperbole et métaphore

893.   Réponse B. La litote

894.   Réponse A. Euphémisme. C'est une figure de style de l'atténuation. Les autres propositions sont des figures de la ressemblance.

895.   Réponse A. Pour dire le moins pour suggérer le plus

896.   Réponse A. Une figure de style qui cherche à atténuer une réalité choquante ou pénible

897.   Réponse B. Litote

898.   Réponse B. Euphémisme

899.   Réponse A. Litote

900.   Réponse B. La disparition

901.   Réponse B. Elle nous a quittés il y a un an

902.   Réponse C. Sourd. Les autres sont des euphémismes.

903.   Réponse C. Sa cuisine n'est pas si délicieuse

904.   Réponse B. Les bénéfices sont excellents

905.   Réponse B. Vous n'avez pas tort

906.   Réponse B. Euphémisme. Les séniors à la place de «vieux».

907.   Réponse A. Litote

<u>Pour ne pas confondre litote et euphémisme</u> :

La litote est toujours construite à l'aide d'une négation,
elle atténue en apparence le propos tout en insistant sur la
réalité.
Exemple : Va je ne te hais point → je t'aime toujours ; Ça ne
sent pas la rose → Ça sent mauvais.
La litote se distingue de l'euphémisme qui atténue afin de
masquer la réalité.
L'euphémisme présente un propos déplaisant, brutal, sous
un jour favorable. Il évite une connotation péjorative.
Exemple : les personnes âgées, le troisième âge (les vieux) ;
les pays en voie de développement (les pays sous-dévelop-
pés) ; les économiquement faibles (les pauvres).

908.   Réponse B. Les figures de substitution

909.   Réponse B. Une périphrase. Elle emploie une expression au
lieu d'un seul mot pour désigner un être ou un objet.

910.   Réponse A. Une personne ou un objet par un autre élément
similaire.

911.   Réponse A. Vrai. Elle consiste à utiliser une partie de
quelque chose ou de quelqu'un pour désigner l'élément en
question ou l'inverse le tout pour la partie

Littérature

912. Réponse B. Métonymie pour parler d'un briquet.

913. Réponse C. Métonymie.

914. Réponse A. Une métonymie

915. Réponse B. Périphrase

916. Réponse B. Une synecdoque. Ce n'est pas tout le vélo, mais une partie du vélo… (une partie pour le tout → synecdoque).

917. Réponse C. La langue anglaise

918. Réponse B. Synecdoque. Il s'agit bien de 50 animaux et non 50 têtes qui ont traversé la route !

919. Réponse A. Métonymie

920. Réponse B. Louis XIV

921. Réponse B. L'homme du 18 juin

922. Réponse C. Jeanne d'Arc

923. Réponse A. Cet enfant est un ange !

924. Réponse B. Il n'est pas si sot

925. Réponse C. Hyperbole

926. Réponse A. Comparaison

927. Réponse C. Métaphore

928. Réponse C. Hyperbole

929. Réponse B. Métonymie

930.   Réponse C. Chiasme. Et osent (A) les vaincus (B) les vainqueurs (B) dédaigner (A).

931.   Réponse B. Chiasme. Des crapauds (A) imprévus (B) et de
froids (B) limaçons (A).

932.   Réponse C. Chiasme

933.   Réponse C. Chiasme

934.   Réponse B. Chiasme

935.   Réponse B. Hyperbole

936.   Réponse C. Chiasme

937.   Réponse A. Comparaison

938.   Réponse B. Hyperbole

939.   Réponse B. Euphémisme

940.   Réponse A. Oxymore

941.   Réponse C. Personnification

942.   Réponse C. Comparaison

943.   Réponse B. Chiasme

944.   Réponse C. Oxymore

945.   Réponse A. Hyperbole

946.   Réponse A. Litote

947.   Réponse B. Chiasme. Ces murs maudits (A) par Dieu (B),
par Satan (B) profanés (A).

948.   Réponse A. Énumération

949.   Réponse B. Hyperbole

950.   Réponse B. Chiasme

951.   Réponse B. Gradation

952.   Réponse C. Antiphrase. Ici l'antiphrase permet de dénoncer l'esclavagisme.

953.   Réponse B. Litote

954.   Réponse C. Oxymore

955.   Réponse B. Métonymie

956.   Réponse B. Chiasme

957.   Réponse C. Métonymie

958.   Réponse B. Comparaison

959.   Réponse C. Oxymore

960.   Réponse B. Périphrase pour dire la lune

961.   Réponse A. Synecdoque. Un fouillis de têtes et de bras pour remplacer le terme personnes.

962.   Réponse C. Antithèse

963.   Réponse B. Chiasme

964.   Réponse C. Gradation

965.   Réponse B. Personnification

966. Réponse B. Chiasme

967. Réponse B. Comparaison

968. Réponse B. Énumération

969. Réponse B. Personnification

970. Réponse B. Comparaison

971. Réponse B. Gradation descendante

972. Réponse C. Anaphore

973. Réponse B. Oxymore

974. Réponse B. Antithèse

975. Réponse B. Gradation

976. Réponse C. Anaphore

977. Réponse B. Oxymore

978. Réponse A. Antithèse

979. Réponse A. Anaphore

980. Réponse C. Antithèse

981. Réponse B. Comparaison

982. Réponse B. Anaphore

983. Réponse B. Antithèse

984. Réponse C. Oxymore

Littérature

985.   Réponse B. Oxymore

986.   Réponse B. Antithèse

987.   Réponse B. Oxymore

988.   Réponse C. Chiasme

989.   Réponse A. Des récits racontés en langue romane

990.   Réponse B. Au Moyen-Âge

991.   Réponse B. Roman courtois, roman réaliste, nouveau roman

992.   Réponse C. Au XVIe siècle

993.   Réponse B. Nathalie Sarraute

994.   Réponse B. La Princesse de Clèves, écrit en 1678 par Madame de La Fayette, est le premier roman moderne, car il comporte une réelle analyse psychologique des personnages.

995.   Réponse C. Le XIXe siècle

996.   Réponse A. Vrai. En effet, le roman permet d'observer la société et les changements provoqués par la révolution industrielle : ses nouveaux lieux urbains (grands magasins, quartiers populaires), ses différentes classes sociales (pauvres, bourgeois, fortunés…), mais aussi ses préoccupations. La société devient le sujet central du roman.

997.   Réponse C. XIXe siècle. Plus précisément durant la 2e partie du XIXe siècle.

998.   Réponse A. Un roman de science-fiction

999.   Réponse B. Inquiétante

<h1 style="text-align:center">Littérature</h1>

1000.   Réponse B. Non

1001.   Réponse A. Germinal d'Émile Zola

1002.   Réponse A. Oral. Une histoire qui se transmet de bouche à oreille.

1003.   Réponse A. Le schéma narratif

1004.   Réponse B. Conte merveilleux

1005.   Réponse B. Une satire

1006.   Réponse B. La nouvelle

1007.   Réponse C. La fin entrouverte.

1008.   Réponse B. Une fin où le sort des protagonistes est définitif

1009.   Réponse D. Merveilleuse

1010.   Réponse A. Oui. C'est un conte de fées, mais il est rédigé de manière satirique afin de délivrer un enseignement philosophique.

1011.   Réponse A. Oui

1012.   Réponse C. Victor Hugo

1013.   Réponse B. XIXe siècle

1014.   Réponse A. Charlotte Brönte

1015.   Réponse B. Le portrait ovale est une nouvelle écrite par Edgar Allan Poe en 1842 et traduite par Charles Baudelaire en 1857.

1016.   Réponse B. Histoire. En premier lieu, ce mot latin signifie *propos, paroles* puis il prend le sens d'histoire.

1017.   Réponse A. À l'Antiquité

1018.   Réponse D. Histoire tirée de la mythologie

1019.   Réponse B. Un fabuliste

1020.   Réponse A. En vers

1021.   Réponse B. D'instruire

1022.   Réponse D. L'Aigle et le Chapon est une fable écrite par Antoine-Vincent Arnault.

1023.   Réponse B. La personnification

1024.   Réponse C. Le mot autobiographie n'est apparu qu'au XIXe siècle.

1025.   Réponse A. Les Confessions de Jean-Jacques Rousseau. C'est la première œuvre moderne que l'on qualifie d'autobiographie, bien que le terme français «autobiographie» ne soit apparu qu'au début du XIXe siècle.

1026.   Réponse C. Un récit racontant la vie de l'auteur

1027.   Réponse D. Écrire pour se faire oublier

1028.   Réponse A. Vrai

1029.   Réponse B. Faux. L'auteur peut décider de ne relater que les événements marquants de sa vie.

1030.   Réponse A. Un récit évoquant des faits passés

1031.   Réponse B. Faux. Dans ses mémoires, l'auteur raconte son implication dans les faits historiques (culturels ou politiques) dont il a été acteur ou témoin. Elles suivent généralement une chronologie. C'est un témoignage historique. L'autobiographie est un récit plus intime où l'auteur s'attarde sur sa vie personnelle, ses sentiments.... la dimension psychologique de son histoire.

1032.   Réponse A. L'auteur raconte son histoire au jour le jour

1033.   Réponse A. Le présent d'énonciation et les temps du passé

1034.   Réponse B. Les actions de premier plan

1035.   Réponse C. À l'imparfait

1036.   Réponse D. Une autobiographie fictive

1037.   Réponse B. Un roman autobiographique

1038.   Réponse A. Un roman autobiographique

1039.   Réponse B. Une autofiction

1040.   Réponse A. Le Journal d'Anne Franck

1041.   Réponse D. Le Colonel Chabert. Ce roman n'est pas une autobiographie.

1042.   Réponse A. Vrai

1043.   Réponse B. Faux

1044.   Réponse A. Les mots

1045.   Réponse B. En prose

1046.   Réponse A. Vrai

1047.   Réponse B. Faux. Ce n'est pas une obligation, mais l'ordre est le plus souvent chronologique.

1048.   Réponse B. Faux. Une autobiographie alterne le plus souvent le présenté d'énonciation, c'est le temps de l'écriture, et le passé pour marquer le temps du souvenir lorsque l'auteur évoque des souvenirs plus lointain avec lesquels il veut prendre ses distances.

1049. Réponse A. Le point de vue est interne

1050. Réponse B. Le pacte autobiographique est un contrat d'authenticité que l'auteur passe avec son lecteur. Il garantit que l'histoire relatée est véridique, et que le personnage principal du livre est bien l'auteur lui-même. Ce pacte peut-être explicite ou implicite.

1051. Réponse A. Marjane Satrapi

1052. Réponse A. Une apologie. Un éloge concerne le plus souvent un vivant.

1053. Réponse C. Révoquer

1054. Réponse B. Cet adjectif qui signifie «en rapport avec la mémoire» vient du nom de la déesse grecque de la mémoire : Mnémosyne.

1055. Réponse A. Une réminiscence

1056. Réponse C. Grandir, démissionner, décéder, partir

1057. Réponse B. Une amnésie

1058. Réponse D. Répliquer, répondre, riposter. Ce sont des verbes de parole.

1059. Réponse A. La poésie lyrique

1060. Réponse B. Orphée

1061. Réponse B. La poésie lyrique

Littérature

<u>Les marques de la poésie lyrique :</u>

– Omniprésence du «je» (importance des sentiments de l'auteur),
– Et/ou champ lexical des sentiments et des sensations,
– Et/ou nombreuses phrases exclamatives et/ou interrogatives (enthousiasme de l'auteur).

1062.   Réponse C. Au XXe siècle

1063.   Réponse A. Elle soutient une cause politique ou culturelle. La poésie engagée cherche à convaincre le lecteur en le poussant à réfléchir et à agir.

1064.   Réponse B. La révolte et le combat

1065.   Réponse B. De la Première Guerre Mondiale

1066.   Réponse B. Aimé Cesaire

1067.   Réponse C. Joseph Kessel et Maurice Druon

1068.   Réponse B. Paul Verlaine

1069.   Réponse C. Guillaume Apollinaire

1070.   Réponse B. Aloysius Bertrand. Né au XIXe siècle avec Aloysius Bertrand, c'est Charles Baudelaire qui le rend populaire avec son recueil *Petits Poèmes en Prose*.

1071.   Réponse B. Le décompte des syllabes d'un vers

1072.   Réponse A. Une strophe

1073.   Réponse B. L'étude de la forme d'un poème

1074.   Réponse A. Une ode

1075.   Réponse A. 3. Héritée de l'Antiquité, l'ode est composée de plusieurs groupes de 3 strophes ayant la même longueur. Ce poème lyrique célèbre un personnage ou un événement.

1076.   Réponse B. Une rime

1077.   Réponse B. Un poème qui obéit à des règles précises, non modifiables

1078.   Réponse C. Un pantoum. Le 2e et le 4e vers de chaque quatrain sont repris dans le quatrain suivant en 1er et 3e vers. Le dernier vers est toujours identique au 1er vers.

1079.   Réponse B. Il comporte 14 vers en 4 strophes : 2 quatrains et 2 tercets.

1080.   Réponse A. Vrai

1081.   Réponse A. Le pantoum

1082.   Réponse B. Un poème dont les mètres sont inégaux

1083.   Réponse D. L'acrostiche. Ce n'est pas un poème à forme fixe.

1084.   Réponse B. ABBA – ABBA – CCD – EED

1085.   Réponse C. Alternativement masculines et féminines

1086.   Réponse C. Un acrostiche

1087.   Réponse B. Un rondeau. Apparue au XVe siècle, cette forme poétique comprend 13 vers généralement répartis sur 3 strophes. On trouve son refrain au 1er et dernier vers ainsi qu'à la fin de la 2e strophe.

1088.   Réponse B. Un calligramme

1089.   Réponse C. Guillaume Apollinaire

1090.   Réponse B. Un décasyllabe

1091.   Réponse A. 12 syllabes

1092.   Réponse B. Octosyllabe

1093.   Réponse B. Cinq syllabes

1094.   Réponse C. Lorsque le mot suivant commence par une consonne

1095.   Réponse B. La diérèse. La synérèse est l'inverse.

1096.   Réponse B. 12 syllabes

1097.   Réponse A. 6 syllabes

1098.   Réponse A. «Je suis belle, ô mortels ! comme un rêve de pierre...»

1099.   Réponse B. 12 syllabes

1100.   Réponse B. 10 syllabes

1101.   Réponse C. 10 syllabes

1102.   Réponse B. Une strophe de 4 vers

1103.   Réponse A. Un quintil

1104.   Réponse B. Un distique

1105.   Réponse C. Un enjambement. Généralement l'enjambement donne une impression de continuité et met en exergue un

mouvement qui se développe, un sentiment qui s'amplifie…

1106.   Réponse B. Lorsque l'enjambement est très bref.

Le rejet est la mise en valeur d'un mot ou un groupe de mots brefs, situé au début d'un vers et qui appartient à la phrase commencée au vers précédent. Exemple :
«Un Astrologue un jour se laissa choir
Au fond d'un puits. On lui dit : Pauvre bête, » Jean de La Fontaine.

1107.   Réponse A. D'un contre-rejet

Le contre-rejet est l'inverse du rejet, le mot ou groupe de mots bref est placé en fin de vers. Il crée une rupture rythmique. Exemple : «Mon mal vient de plus loin. À peine au fils d'Égée
Sous les lois de l'hymen je m'étais engagée.» Jean Racine.

1108.   Réponse B. Un contre-rejet

1109.   Réponse A. Un rejet

1110.   Réponse B. Un contre-rejet

1111.   Réponse A. Un rejet

1112.   Réponse A. Un enjambement

1113.   Réponse A. Un rejet

1114.   Réponse B. Libres. Ce type de vers joue sur les sonorités, les rythmes et les figures de style.

1115.   Réponse A. Une pause dans un vers. La césure à l'hémistiche est la plus courante. Elle permet de couper un alexandrin, en deux moitiés égales. Exemple : «La mer est ton miroir ; tu contemples ton âme.» C. Baudelaire.

1116. Réponse B. Faux. Les rimes sont féminines quand elles se terminent par un «e» muet autrement elles sont masculines. Les règles de la poésie classique imposaient aux auteurs d'alterner les rimes masculines et féminines. Ainsi si l'auteur décide de ne pas suivre cette règle c'est qu'il cherche à produire certains effets : la dureté, lorsqu'il n'utilise que des rimes masculines ou à l'inverse la douceur en ne choisissant que des rimes féminines.

1117. Réponse C. Rimes maigres

1118. Réponse B. Suffisantes

1119. Réponse C. Suffisantes

1120. Réponse B. Pauvres

1121. Réponse C. Suffisantes

1122. Réponse A. Suffisantes

1123. Réponse A. Riches

1124. Réponse A. Suffisantes

1125. Réponse A. Riches

1126. Réponse B. Faux

1127. Réponse D. Seules

1128. Réponse B. Embrassées

1129. Réponse A. ABAB

1130.   Réponse A. AABB

1131.   Réponse A. Suivies

1132.   Réponse B. Croisées

1133.   Réponse A. Suivies

1134.   Réponse C. Embrassées

1135.   Réponse A. Suivies

1136.   Réponse B. L'allitération

1137.   Réponse C. L'assonance

1138.   Réponse B. Une allitération en «s».

1139.   Réponse A. Une assonance en «i».

1140.   Réponse B. Une allitération en «t». La répétition de ce son dur met en valeur la cruauté et la violence du loup.

1141.   Réponse B. Une allitération en «m».

1142.   Réponse A. Un aparté

1143.   Réponse B. Une intrigue

1144.   Réponse C. Le théâtre

1145.   Réponse C. La didascalie. C'est en quelque sorte la notice de la pièce de théâtre. Les didascalies sont les indications fournies par l'auteur sur le jeu des acteurs et sur la mise en scène. En règle générale elles sont en italiques dans le texte.

1146.   Réponse B. Une tragédie

Littérature

À l'instar de la comédie, l'origine de la tragédie remonte au théâtre grec antique. Écrite en vers et souvent en alexandrin, elle se déroule en 5 actes sans changement de décor, et utilise un registre de langue soutenu.
Les protagonistes, des héros, sont des personnages historiques ou mythologiques de condition élevée.
Une tragédie se termine très souvent par la mort d'un ou de plusieurs personnages.
Parmi les tragédies les plus célèbres : *Horace* de Pierre Corneille *(1640)*, *Britannicus (1669)* et *Phèdre (1677)* de Jean Racine, parmi les auteurs contemporains : *La Guerre de Troie n'aura pas lieu (1935)* de Jean Giraudoux.

1147.   Réponse A. Une comédie

Écrite en vers ou en prose, elle comporte généralement de 3 à 5 actes. La comédie classique trouve son origine dans l'Antiquité, avec des auteurs grecs comme Aristophane *(V^e-IVe siècle av. J-C)* et latins comme Plaute *(IIIe-IIe siècle av. J.-C.)*. Ce n'est qu'au XVIIIe siècle avec Molière qu'elle acquiert ses lettres de noblesse. La comédie traite de sujets de la vie quotidienne, les personnages y sont d'origine modeste et son dénouement est heureux.
Pièces célèbres : *Le Médecin Malgré Lui (1666)*, *Les Fourberies de Scapin (1671)*, de Molière, Le Mariage de Figaro de Beaumarchais *(1784)* ou encore *Rhinocéros* d'Eugène Ionesco *(1960 – théâtre de l'absurde)*.

1148.   Réponse A. Un monologue. (Du grec *monos*, seul et *logos*, parole, discours).

1149.   Réponse A. Une tirade

1150.   Réponse A. Le Cid. Acte 1, scène 4, Don Diègue, *Le Cid* Corneille.

1151.   Réponse B. Le Tartuffe acte 3 scène 2

1152.   Réponse A. Vrai. Acte IV, scène 3

1153.   Réponse B. Une réplique

1154.   Réponse C. Une tirade

1155.   Réponse B. Un dialogue

1156.   Réponse A. Un événement imprévu, survenant au cours d'une pièce de théâtre qui marque un changement soudain dans l'action.

La réplique désigne chaque prise de parole, chaque énoncé dit par un comédien.
Le dialogue est un échange de répliques.
La tirade est une réplique longue et développée, prononcée sans interruption.
Le monologue est une forme de réplique où le personnage parle seul en scène.
La stichomythie est un dialogue composé de répliques extrêmement brèves (parfois une monosyllabe) qui s'enchaînent très rapidement.

1157.   Réponse B. La scène d'exposition commence la pièce de théâtre.

1158.   Réponse A. Le dénouement

1159.   Réponse B. Un acte. Traditionnellement, une pièce classique est composée de trois ou cinq actes.

1160.   Réponse A. Une scène. La scène d'exposition est la première scène d'une pièce de théâtre.

1161.   Réponse A. Vrai. La dramaturgie est l'étude ou l'art de la composition théâtrale. Au cinéma, on peut également parler de la dramaturgie d'un film, les règles d'écriture d'un scénario pouvant s'apparenter à celles du théâtre.

1162.   Réponse A. La mise en scène peut être réalisée par l'auteur lui-même. Ce fut le cas de Molière.

1163.   Réponse B. Faux. Il dirige la mise en scène en choisissant de respecter ou de s'éloigner du texte et des intentions initiales de l'auteur. Il prend souvent un parti-pris artistique, symbolique, voire idéologique.

1164.   Réponse A. Heureux

1165.   Réponse B. Triste

1166.   Réponse B. Triste

1167.   Réponse B. Faux. Les personnages appartiennent à un univers ordinaire.

1168.   Réponse A. Unité de temps : l'action doit se dérouler en une seule journée. Unité de lieu : l'action se déroule dans un lieu unique. Unité d'action : Une seule intrigue.

1169.   Réponse A. De la vie quotidienne

1170.   Réponse A. Vrai

1171.   Réponse A. Comique de mots

1172.   Réponse A. Un entracte

1173.   Réponse B. Faux. Le théâtre de l'absurde appartient au genre comique.

1174.   Réponse A. L'entracte

1175.   Réponse A. Vrai. Le nœud est le cœur de l'action quand tous les événements se mêlent et qu'aucune solution ne semble possible.

1176.   Réponse A. Une péripétie est un changement brusque de la situation dans une pièce de théâtre tandis que le coup de théâtre est un événement imprévu, un changement brutal de situation qui modifie le cours de l'action et relance l'intérêt. Exemple de péripétie : ma voiture est tombée en panne à 3km de l'aéroport, et j'ai failli rater l'avion. Exemple de coup de théâtre : En route pour l'aéroport je reçois un coup de téléphone. Je ne prends plus l'avion pour New York dans 4 heures, mais le train pour Marseille dans une heure. Du coup, c'est certain je vais le louper, …

1177.   Réponse B. Une farce

La farce est une forme basse de comédie. Bouffonnerie, chahut, grossièreté, absurdité… son but principal est de créer du rire et de divertir le public.
La Comédie est un travail dramatique léger et humoristique qui contient généralement une fin heureuse. Elle expose les aspects ridicules de la société tout en créant du rire. La farce utilise des absurdités, des blagues vulgaires, des actions physiques pour créer du rire. La comédie utilise l'esprit, la satire, l'ironie, ainsi que le burlesque et la farce pour faire rire.

En France, les trois genres dramatiques reflétaient les classes : la tragédie pour la noblesse, la comédie pour la bourgeoisie et la farce pour le peuple. L'apparition au XVIIᵉ siècle en France de la Commedia dell'arte va influencer la farce française. C'est notamment en rencontrant des acteurs de la Commedia que Molière va commencer à écrire des farces.

1178. Réponse B. Vrai. Née au XVIe siècle, La Commedia dell'arte est un genre de théâtre populaire italien. Les acteurs, généralement masqués, improvisent des comédies drôles ponctuées de gags que l'on appelle les lazzi. Les personnages cultes reviennent dans toutes les pièces. Certains personnages sont très célèbres comme Arlequin, Polichinelle ou Pierrot.

1179. Réponse A. L'avant-scène : aussi appelé proscenium. C'est la partie de la scène entre la rampe et le cadre de scène. Elle peut former une scène lorsque le rideau est tiré.

1180. Réponse A. Deus ex machina (locution latine : Dieu issu de la machine).

1181. Réponse A. Comique de Situation - de geste - de mots et de caractère.

1182. Réponse B. Le comique de gestes. Le rire est provoqué par les gestes et/ou les déplacements des personnages.

1183. Réponse A. Comique de caractère. Ce procédé repose sur le tempérament ou le caractère des personnages et surtout leurs défauts. Dans cet extrait Harpagon est tellement avare qu'il se soupçonne lui-même du vol dont il est victime.

1184. Réponse B. Un quiproquo

1185. Réponse A. Une tragi-comédie. Œuvre tragique, généralement théâtrale, qui comprend des éléments comiques, dont le thème est romanesque et la fin heureuse. Exemple le plus célèbre de tragi-comédie : Le Cid.

Le Cid de Corneille a été publié en 1637 en tant que tragi-comédie et requalifié en tragédie dès 1648. En effet, l'intrigue du Cid comporte de nombreux éléments caractéristiques d'une tragi-comédie : il raconte une histoire d'amour dans laquelle un obstacle empêche à un moment donné la réunion des deux amants. À la fin de la pièce, cet obstacle sera levé et

le dénouement sera heureux et nuptial ce qui est à l'époque une caractéristique des comédies et des tragi-comédies.

1186. Réponse D. La première scène d'une pièce qui sert d'introduction

1187. Réponse A. Sophocle

1188. Réponse A. Vrai

1189. Réponse B. La tragédie

1190. Réponse B. La Seconde Guerre Mondiale. Sous l'occupation allemande en 1944.

1191. Réponse A. De la résistance. Antigone refuse de se soumettre à Créon.

1192. Réponse B. En prose

1193. Réponse A. Une tirade

1194. Réponse A. La Tragédie

1195. Réponse A. Une tirade

1196. Réponse B. Une didascalie

1197. Réponse C. Un aparté

1198. Réponse C. Une réplique

1199. Réponse D. Un aparté

1200. Réponse C. Une didascalie

1201. Réponse A. Une réplique

Littérature

1202. Réponse C. Une tirade

1203. Réponse C. 5

1204. Réponse B. L'entrée ou la sortie d'un personnage

1205. Réponse A. Une mise en abyme. Cette expression, lancée
       par André Gide, désigne le fait de placer une œuvre dans une
       œuvre. C'est un procédé artistique que l'on retrouve égale-
       ment en peinture (l'image d'une image), en cinéma (un film
       sur un film) ou en littérature (un livre qui raconte l'histoire
       d'un livre).

1206. Réponse D. Les dialogues ne font pas partie de la mise en
       scène.

1207. Réponse A. En vers

1208. Réponse A. A la noblesse

1209. Réponse A. Des mythes et légendes

1210. Réponse B. Un dilemme. Un choix entre la raison et la pas-
       sion.

1211. Réponse D. Les défauts du genre humain. C'est un thème
       traité dans la comédie.

1212. Réponse A. La pitié et la crainte. La pitié pour le héros affligé
       de malheurs et la crainte devant son destin si sombre.

1213. Réponse C. Les deux

1214. Réponse A. L'absence de scènes choquantes sur scène (vio-
       lence, sang, sexe).

1215. Réponse A. La règle des genres

Littérature

1216.   Réponse A. Antiquité

1217.   Réponse A. Faire la morale.

1218.   Réponse B. William Shakespeare

1219.   Réponse A. Vrai

1220.   Réponse C. Andromaque n'a pas été écrite par Shakespeare.

1221.   Réponse B. Théâtre de l'absurde

1222.   Réponse A. L'acte et la scène

1223.   Réponse A. Le théâtre de l'absurde

1224.   Réponse C. Après la Seconde Guerre mondiale

1225.   Réponse A. Samuel Beckett

1226.   Réponse A. Du XXe siècle

1227.   Réponse A. Le théâtre engagé

1228.   Réponse A. La censure. Les pièces de Molière, *Tartuffe* et *Dom Juan* ont toutes les 2 été censuré.

1229.   Réponse D. Roméo et Juliette meurent tous les deux.

1230.   Réponse C. AU XVIIIe siècle. Le romantisme s'est développé dès la fin du XVIIIe siècle et s'achève à la fin du XIXe siècle.

1231.   Réponse A. René de Chateaubriand

1232.   Réponse B. Le classicisme

1233.   Réponse B. Victor Hugo

1234. Réponse D. Le plaisir d'instruire. C'est le classicisme (La Fontaine, Molière).

1235. Réponse D. En phase avec son époque

1236. Réponse A. Lorenzaccio

1237. Réponse B. Romantique

1238. Réponse A. Eugène Delacroix

1239. Réponse B. XVIIIe siècle. Plus précisément depuis la deuxième moitié du XVIIe siècle, et pendant tout le XVIIIe siècle.

1240. Réponse A. Combattre l'obscurantisme et développer les connaissances.

1241. Réponse A. Diderot

1242. Réponse B. XVIIe siècle

1243. Réponse A. Le théâtre

1244. Réponse B. Au XIXe siècle. Plus précisément dans la deuxième moitié du XIXe siècle.

1245. Réponse A. Au romantisme

1246. Réponse B. Stendhal

1247. Réponse C. La Princesse de Clèves de Madame de Lafayette.

1248. Réponse B. Classicisme

1249. Réponse B. Lumières

1250. Réponse B. Romantisme

1251. Réponse B. Lumières

1252. Réponse C. Réalisme

1253. Réponse C. Romantisme. Le mouvement romantique présente une tonalité lyrique qui permet d'exalter le «moi».

1254. Réponse B. Romantisme

1255. Réponse B. Romantisme

1256. Réponse A. Classicisme

1257. Réponse A. Lumières

1258. Réponse A. Classicisme

1259. Réponse B. Romantisme

1260. Réponse A. Réalisme

1261. Réponse A. Réalisme

1262. Réponse C. Classicisme

1263. Réponse C. Romantisme

1264. Réponse B. Lumières

1265. Réponse A. Réalisme

1266. Réponse B. Réalisme

1267. Réponse A. Réalisme

1268. Réponse B. Romantisme

Littérature

1269.   Réponse A. Classicisme

1270.   Réponse B. Classicisme – lumière – romantisme - réalisme

1271.   Réponse A. Sidonie Gabrielle Colette (1873-1954) est une romancière du XXe siècle. Elle débuta sa carrière comme nègre littéraire pour son époux, qui devant son talent l'encourage à écrire ses souvenirs d'école dans une série qui débutera en 1900 et s'intitulera *Claudine* et qu'elle signe du pseudonyme Willy. Elle fut aussi mime, actrice et journaliste. Elle est la deuxième femme élue membre de l'Académie Goncourt en 1945. Ses principaux succès littéraires : *Claudine, Chéri, Le Blé en Herbe*. Honoré de Balzac et Guy de Maupassant sont des écrivains du XIXe siècle

1272.   Réponse A. Hervé Bazin (1911-1996) écrit ce roman d'une traite en 1947. Le succès est immédiat. Le récit débute par une scène où le narrateur, Brasse-Bouillon, tue une vipère avec son poing. Un livre relatant la vie tourmentée de 3 frères qui subissent l'éducation très autoritaire de leur mère qu'ils surnomment *Folcoche*.

1273.   Réponse B. Choderlos de Laclos

1274.   Réponse B. Un conte de fées

1275.   Réponse A. La Machine Infernale. Pièce de théâtre datée de 1934.

1276.   Réponse B. Les Enfants Terribles. Réalisé par Jean-Pierre Melville en 1950.

1277.   Réponse A. Alcools. Guillaume Apollinaire (1880-1918) est un écrivain majeur du début du XXe siècle. C'est lui qui a inventé le terme de surréalisme. Ce recueil qu'il a mis 16 ans à réaliser est publié en 1913. Les grands thèmes abordés sont l'alcool, la beauté du monde moderne et l'amour malheureux. Certains de ces poèmes ont été interprétés musicalement.

Littérature

1278.   Réponse B. Faux

1279.   Réponse A. Albert Camus

1280.   Réponse C. Germinal est un roman écrit par Émile Zola.

1281.   Réponse C. Victor Hugo

1282.   Réponse C. Émile Zola

1283.   Réponse C. Les misérables

1284.   Réponse B. 20 ans

1285.   Réponse C. Jean-Paul Sartre

1286.   Réponse C. XVIIIe siècle

1287.   Réponse A. Rabelais – Ronsard – Molière – Voltaire – Victor Hugo

1288.   Réponse C. Phèdre

1289.   Réponse B. XIXe siècle

1290.   Réponse A. Le Père Goriot

1291.   Réponse C. Émile Zola

1292.   Réponse B. Honoré de Balzac

1293.   Réponse B. Daniel Defoë

1294.   Réponse B. Non. Écrit en 1719, ce roman écrit à la 1ère personne du singulier s'inspire de la vie d'Alexandre Selkirk.

1295.   Réponse C. Le Comte de Monte-Cristo

Littérature

1296.   Réponse B. Germinal d'Émile Zola

1297.   Réponse B. Gustave Flaubert

1298.   Réponse B. Emma

1299.   Réponse B. Quasimodo

1300.   Réponse B. Le Rouge et le Noir

1301.   Réponse B. D'une chèvre

1302.   Réponse B. René de Chateaubriand

1303.   Réponse A. La Gloire de Mon Père de Marcel Pagnol.

1304.   Réponse A. Honoré de Balzac

1305.   Réponse A. Le Cid

1306.   Réponse C. Les Noces de Figaro

1307.   Réponse A. Molière

1308.   Réponse A. Sophocle

1309.   Réponse A. Harpagon

1310.   Réponse A. Molière

1311.   Réponse B. Voltaire

1312.   Réponse B. Honoré de Balzac

1313.   Réponse A. Roxane

1314.   Réponse B. Je pense, donc je suis

1315. Réponse B. Hamlet

1316. Réponse A. Candide de Voltaire

1317. Réponse B. Boule de Suif. *Le Chat Noir* et *Le Portrait Ovale* sont d'Edgar Allan Poe.

1318. Réponse B. Alain Fournier

1319. Réponse A. Matéo Falcone de Mérimée

1320. Réponse B. Roald Dahl

1321. Réponse B. Arthur Conan Doyle

1322. Réponse A. Rastignac

1323. Réponse A. L'Odyssée d'Homère.

1324. Réponse C. Un roman de chevalerie

1325. Réponse C. De l'Antiquité

1326. Réponse A. Candide

1327. Réponse C. Voyage au bout de la nuit de Céline

1328. Réponse B. Arthur Rimbaud

1329. Réponse B. Le fait d'écrire un récit, une lettre, un message… C'est l'acte de langage qui est produit par le locuteur (celui qui parle) vers le destinataire (celui qui reçoit le message). L'énoncé est le produit de l'énonciation.

1330. Réponse A. La situation dans laquelle un énoncé a été produit.

1331. Réponse D. Le type de discours. Pour déterminer la situation d'énonciation, il faut relever dans le texte les éléments permettant de répondre aux questions : qui parle à qui ? quand ? où ?

1332. Réponse B. Un discours. L'énonciation de discours. Le cadre spatio-temporel se définit en fonction de celui qui parle.

1333. Réponse A. Coupé de la situation d'énonciation. Le cadre spatio-temporel appartient à l'histoire racontée. C'est l'énonciation de récit.

1334. Réponse A. L'énonciateur est présent dans le discours. Le destinataire est également présent.

1335. Réponse A. Vrai.

1336. Réponse A. A l'énonciation de discours

1337. Réponse A. L'énonciation de récit. Le présent et le passé composé sont les temps de l'énonciation de récit.

1338. Réponse B. Une énonciation de discours

1339. Réponse C. Une énonciation de récit

1340. Réponse A. Une énonciation de discours

1341.   Réponse B. Le passé simple. Pour la rédaction d'un récit d'expérience personnelle, utilisez le passé composé.

1342.   Réponse B. À l'imparfait.

1343.   Réponse A. Le point de vue selon lequel un récit est organisé.

1344.   Réponse D. 3

1345.   Réponse B. Interne, externe, omniscient

1346.   Réponse A. Du point de vue interne. Le lecteur sait ce que pense le personnage principal et non les autres personnages. Le récit est généralement à la 1ère ou à la 3e personne du singulier.

1347.   Réponse B. Du point de vue omniscient. Le récit est généralement à la 3e personne du singulier. C'est ce qu'on nomme «la focalisation zéro».

1348.   Réponse B Faux

1349.   Réponse A. Vrai

1350.   Réponse A. Du point de vue externe. Le lecteur ne sait rien de ce que pensent les personnages. C'est l'effet caméra.

1351.   Réponse B. Point de vue externe

1352.   Réponse A. Point de vue omniscient

1353.   Réponse C. Point de vue externe

1354.   Réponse B. Point de vue interne

1355.   Réponse B. Point de vue externe

1356.   Réponse C. Point de vue omniscient

1357.   Réponse A. Point de vue interne

1358.   Réponse A. Point de vue omniscient

1359.   Réponse C. Narrateur témoin

1360.   Réponse B. Narrateur-personnage

1361.   Réponse A. Effacé

1362.   Réponse A. Un narrateur inconnu

1363.   Réponse B. Le narrateur personnage. Il raconte sa propre histoire, le récit est alors rédigé à la 1ère personne du singulier.

1364.   Réponse C. Narrateur-effacé

1365.   Réponse C. Narrateur-personnage

1366.   Réponse B. Implicite

1367.   Réponse A. Implicite

1368.   Réponse B. Le cadre spatio-temporel

1369.   Réponse A. L'incipit

1370.   Réponse A. Une pause. Cet allongement du rythme est opéré par l'ajout de détails, ou l'insertion d'une description, d'un commentaire…

1371.   Réponse A. Le résumé de plusieurs années de la vie d'un personnage.

1372.   Réponse A. Une scène. Le temps de l'histoire et le temps du récit coïncident.

1373.   Réponse B. Un événement passé sous silence par le narrateur

qu'il juge inutile de raconter. L'ellipse permet d'accélérer le rythme de la narration.

1374. Réponse B. D'une ellipse. Les connecteurs temporels indiquant une durée assez longue tels que : Durant 15 ans, …

1375. Réponse B. Une ellipse

1376. Réponse A. Un sommaire

1377. Réponse A. Sommaire. Les actions sont résumées.

1378. Réponse A. Pause. Le récit s'arrête pour faire une pause descriptive.

1379. Réponse A. Scène

1380. Réponse B. Pause

1381. Réponse A. Sommaire. Une partie de son parcours est résumé.

1382. Réponse C. Ellipse

1383. Réponse C. D'identifier l'intention du texte. L'intention de l'auteur est-elle de raconter, d'expliquer, de décrire, de dénoncer, de convaincre ?

1384. Réponse C. Le discours narratif

1385. Réponse C. Argumentatif

1386. Réponse B. Le discours argumentatif

1387. Réponse A. Le discours descriptif

1388. Réponse B. Le discours explicatif

1389. Réponse B. Vocabulaire spécialisé et technique

1390. Réponse A. Vrai

1391. Réponse A. Discours explicatif

1392. Réponse A. Narratif

1393. Réponse A. Argumentatif

1394. Réponse A. Explicatif

1395. Réponse B. L'opinion du locuteur

1396. Réponse B. Indirecte

1397. Réponse C. Argumentation d'autorité

1398. Réponse B. Indirecte

1399. Réponse B. Voltaire

1400. Réponse B. Les modalisateurs

1401. Réponse A. Vrai

1402. Réponse C. Il est malade

1403. Réponse A. Subjectif

1404. Réponse A. Objectif

1405. Réponse D. Mélioratif

1406. Réponse C. Péjoratif

1407. Réponse D. Radical +asse. Exemple : blonde – blondasse.

1408. Réponse D. Des déterminants

1409. Réponse C. Des vitres jaunâtres

1410. Réponse C. Pitoyable

1411. Réponse B. Aurait

1412. Réponse D. Certains prétendent

1413. Réponse A. Vrai. Guillemets, mots en italique, caractère gras, …

1414. Réponse B. Le conditionnel. Ce temps permet d'exprimer une hypothèse, l'atténuation d'un propos ou l'incertitude d'une information.

1415. Réponse C. Manger, envoyer, cueillir

1416. Réponse B. Précédemment

1417. Réponse C. Les policiers viendront ce soir

1418. Réponse B. Les différents points de vue exprimés

1419. Réponse A. Direct

1420. Réponse B. Direct

1421. Réponse A. Indirect

1422. Réponse A. Direct

1423. Réponse B. Indirect libre

1424. Réponse C. Indirect libre

Procédés d'Écriture

1425.   Réponse A. Discours direct

1426.   Réponse A. Discours direct

1427.   Réponse A. Discours indirect libre

1428.   Réponse B. Discours indirect

1429.   Réponse B. Elle rétorqua qu'elle n'irait pas

1430.   Réponse B. J'affirmai que j'étais déjà venu hier et que je ne reviendrais pas

1431.   Réponse A. Il répondit que c'était vrai et qu'il avait commis une erreur

1432.   Réponse B. Il déclara qu'il irait la voir cette semaine

1433.   Réponse B. Françoise a interrogé sa fille et lui a demandé si elle avait bien dormi la veille

1434.   Réponse B. Madeleine lui disait de ne pas oublier de lui demander si le général Belloncle était envoyé à Oran, comme il en était question.

1435.   Réponse B. Il déclara : «je ne viendrais pas demain !»

1436.   Réponse C. Je l'avouai : «Je suis content d'être venu !»

1437.   Réponse A. Il me demande : «viendrais-tu déjeuner demain ?»

1438.   Réponse B. Il a dit : «Je m'étais trompé.»

1439.   Réponse C. Plus-que-parfait

1440.   Réponse B. Imparfait

1441.   Réponse B. Futur simple

1442.   Réponse B. Discours indirect

1443.   Réponse A. Discours indirect libre

1444.   Réponse B. Discours direct

1445.   Réponse A. Discours indirect libre

1446.   Réponse A. Discours direct

Réécriture

1447. Réponse B. **Compressés** à grands coups de fourche sous la charpente, **les fourrages passaient** l'hiver sans se dessécher dans cet immense espace obscur où **ils formaient** des monticules, des tours et des châteaux parfumés prêts pour accueillir nos jeux.

1448. Réponse A. La pluie nous **était tombée** dessus, les éclairs **avaient éclaté**, suivis du tonnerre qu'on **avait prétendu** si dangereux, les arbres **avaient été secoués** par un vent violent et **avaient produis** un bruissement [...]

1449. Réponse B. Andromaque demanda à Pyrrhus **ce qu'il faisait** et ce **que dirait** la Grèce.
Andromaque déclara à Hermione qu'**elle avait vu** percer le seul où ses regards prétendaient s'adresser.

1450. Réponse A. Vingt fois je me suis arrêtée, haletante, en trouvant sous ma main, près de la «passe-rose», **des serpents** bien **sages**, **roulés** en colimaçon régulièrement, **leurs têtes** en dessus, **leurs** petits yeux dorés me regardant.

1451. Réponse B. **C'était** un village, et pas une ville ; les rues, grâce au ciel, **n'étaient** pas pavées ; les averses y **roulaient** en petits torrents, secs au bout de deux heures ; **c'était** un village, pas très joli même, et que pourtant **j'adorais**.

1452. Réponse C. Il y a des **armoires** à peine luisantes / qui **ont entendu** les voix de mes grand' tantes.

1453. Réponse C. C'étaient des serviteurs **fidèles** qui **savaient** / qu'ils ne **devaient** rien nous voler.

1454. Réponse B. J'**allais** d'un pupitre à l'autre : ils **étaient** vides – on devait nettoyer la place, et les élèves **avaient** déménagé.

1455. Réponse B. Nous **frottions** nos yeux, nous **tendions** nos regards, les lettres **s'effaçaient**.

1456. Réponse B. Moi, je **cède** et **commence** d'avaler les mollusques. (**C'est** de ma part une petite lâcheté ; mon frère **se sent** plus seul, et son départ **est** donc aussi une protestation contre moi, qui **viens** de le décevoir …)

1457. Réponse A. Ils **arrivent** à l'hôtel **bouleversés,** les joues rouges et les yeux exorbités, ils **peinent** à s'endormir, la n uit est trop claire, comme filtrée par une gaze chaude, **eux-mêmes** trop **excités.**

1458. Réponse B. **Les hommes dansaient** et non les oiseaux / **Ils étaient les inventeurs** du trapèze / Les chevaux avaient appris d'**eux** l'art / Des bouquets

1459. Réponse C. **Nous connaissions** un petit restaurant où **nous prenions** notre repas du soir. Nous allions à pied. **Nous nous sentions** tout **dépaysés** par la dureté du trottoir et le balance-ment des hanches qu'il **fallait** avoir pour éviter ceux qui nous **frôlaient.**

1460. Réponse C. **J'entendis** que **c'était** la langue de l'ennemi. **J'étais** dans les bras de l'ennemi, **je ris** avec lui. Une peur terrible **me saisit, je pleurai, je me mis** à hurler.

1461. Réponse B. **Nous n'étions** rien que **des mortels égarés** entre du sable et des étoiles, **conscients** de la seule douceur de respirer. Et cependant, **nous nous découvrîmes pleins de songes.**

1462. Réponse A. Violette Retancourt **a poussé** la porte de verre, les jambes encore engourdies. **Elle s'est rapprochée** de Raphaël et **_a mis_** ses mains sur ses épaules. L'homme de dos n'**a pas eu** un sursaut. Il a examiné les mains brunes qui **s'étaient posées** sur lui, l'une puis l'autre.

1463. Réponse C. On ne **les vend** pas ; on **leur demande** de défiler sur une estrade afin qu'**ils trouvent** preneur. Dans le public **peuvent** se trouver aussi bien **leurs** vrais parents…

1464. Réponse B. Et si la caravane **abordait de vrais villages** qui **faisaient** semblant de vivre encore, elle en **épuisait,** dès le premier soir, toute la substance. Elle **les nettoyait** comme les vers **nettoyaient** un os.

1465. Réponse C. Je sais qu'**elles sont braves**, je sais qu'**elles sauront** vivre sans moi. Il faut **qu'elles vivent, elles.**

1466. Réponse B. Enfants **cachez votre** visage / Car **vous courez** de grands dangers

1467. Réponse C. L'étranger dit à l'enfant **de cacher son** visage **parce qu'il court** de grands dangers.

1468. Réponse A. En attendant, on a décidé qu'**elles viendraient** en visite. C'est Tatie qui avait fixé la date et l'heure. Elles sont arrivées à six heures précises comme l'avait demandé Tatie – **elles sont arrivées** avec une plante en pot pour Tatie, qui ne s'y attendait pas du tout. **Elles se sont assises** à la table de la cuisine : **elles** et Tatie d'un côté et Loana de l'autre.

1469. Réponse B. Comme tous les autres, **ils se sont tenus** par la main pour ne pas **se** perdre dans la foule. Comme tous les autres, la première nuit, **ils n'ont pu** trouver le sommeil, craignant que des mains vicieuses ne **leur** dérobent la couverture qu'**ils se partageaient.**

1470. Réponse A. **Je suis** menuisier, **je suis passé** en conseil de guerre pour mutilation volontaire, on **a trouvé** des morsures de poudre sur **ma** main gauche blessée, on **m'a condamné** à mort. Ce n'**est** pas vrai.

1471. Réponse B. **Parvenues** à la gare, elles n'**osaient** pas bouger. Elles **restaient collées les unes aux autres**, comme des moutons, **effrayées** par le bruit, les fumées, les râles de vapeur et les sifflements des locomotives. La fatigue **les a terrassées.**

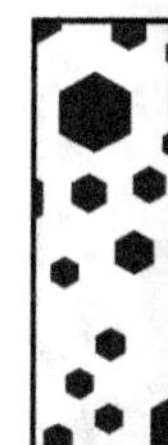

1472. Réponse A. «Il **ouvrit** la bouche : «Darg...», aussitôt la boule de neige lui **frappa** la bouche, y **pénétra, paralysa** les dents. Il **eut** juste le temps d'apercevoir un rire et, juste à côté du rire, au milieu de son état major, Dargelos qui se **dressait**, les joues en feu, la chevelure en désordre, avec un geste immense. Un coup le **frappa** en pleine poitrine. Un coup sombre. Un coup de poing de marbre. Un coup de poing de statue. Sa tête **se vidait**.

1473. Réponse A. Quand **des enfants** de femme et d'homme / **adressaient** la parole à un arbre / l'arbre répondait / **les enfants entendaient** / Plus tard **les enfants** / **parlaient** arboriculture / avec leurs maîtres et **leurs** parents.

1474. Réponse B. Combien **étaient paisibles les nuits** du jardin où embaumait le tabac. **Nous avons** vécu dans un ranch solitaire du désert fertile de la Californie et, marchant la nuit sur le macadam de la route, **nous réfléchissions** tranquillement à ce que **nous devions** acheter le lendemain dans la petite ville voisine.

1475. Réponse A. **Il va** à la cachette de la cassonade. **Il choisit** une petite bille de sucre roux. Pendant que **ça fond** sur sa langue, **il s'accroupit** dans la logette entre le sac des pois chiches et la corbeille des oignons ; l'ombre **l'engloutit : il est parti**.

1476. Réponse C. Grande **a été** la surprise générale quand **les premiers plats sont arrivés** sur la table, aussi **fins, originaux, riches et succulents**.

1477. Réponse B. Le chien noir **reste** la patte en l'air et les vieilles femmes **laissent** choir leur ouvrage. L'étranger **vient** de déboucher par la route de Soleure. Les enfants **se sont d'abord portés** à sa rencontre, puis **ils se sont arrêtés**, indécis. Quant au groupe des buveurs, « Au Sauvage », ils **ont cessé** de boire et **observent** l'étranger par en dessous. Celui-ci **s'est arrêté** à la première maison du pays (…).

1478. Réponse C. Un jour, par exemple, **J'étais** entré dans le block mimant l'attitude d'un homme qui donne le bras à une femme. **Ils étaient** écroulés dans **leurs** coins, sales, écœurés, désespérés (...). **Je traversai** la baraque, continuant à offrir le bras à la femme imaginaire, sous leurs regards médusés, puis **je fis** le geste de l'inviter à s'asseoir sur **mon** lit.

1479. Réponse A. Naturellement, **vous triomphez. Vous allez** pouvoir enfin **nous** tromper. Il y a douze ans que **vous attendiez** ce jour, et **vous vous êtes** arrangés pour que ce soit **nous** qui **ayons** l'air d'avoir tort.

1480. Réponse B. C'est avec un enthousiasme modéré qu'**elle a** donné la main à **sa** grand-mère en vue de la promenade qui devait **les** mener jusqu'à la maison de son amie, située à quelques rues de là. **Elle s'était habituée** à la routine de **son** existence, à **ses** nuits intranquilles, au souvenir de **ses** parents l'enveloppant tout le jour comme un cocon.

1481. Réponse A. **Les tsiganes eux** aussi **savaient** cela, comme ils savaient que Johannes était de **leur** peuple : celui des âmes musiciennes. **Ils regardèrent** l'enfant et se **mirent** à jouer pour lui une polonaise pleine de lyrisme et de beauté.

1482. Réponse C. Soudain terrorisé, et rentrant la tête dans **ses** épaules, il **resta** immobile. Mais il le **vit** se baisser lentement, les yeux toujours fixés sur quelque chose qui se trouvait derrière lui et plus haut que **lui** (...) **Il se** baissa à **son** tour, lentement…

1483. Réponse A. **Nous entrons** dans la cave. Tout de suite, c'est ça qui vous prend. Les pommes sont là, disposées sur des claies – des cageots renversés. **Nous** n'y **pensions** pas. **Nous n'avions** aucune envie de **nous** laisser submerger par un tel vague à l'âme. Mais rien à faire. L'odeur des pommes est une déferlante. Comment **avions-nous** pu **nous** passer si longtemps de cette enfance âcre et sucrée ?

1484. Réponse B. Nous **contractâmes** la rage de lire, de tout lire, de lire

matin, midi et soir. Et lorsque toutes les lumières étaient éteintes, **nous nous confectionnions** une tente avec **notre** drap et un balai et **nous nous usions** les yeux à la lueur d'une torche électrique.

1485. Réponse B. **Nous retournerons** en courant vers le hangar, **prendrons** le plus beau des traîneaux, doublé de rouge et bordé d'un rang de grelots. **Nous aurons** quelque peine à le faire descendre, mais une fois l'élan donné, rien au monde ne **pourra** se comparer à la rapidité de sa course ; la neige **volera** dans **nos** visages, **entrera** dans **nos** bouches entr'ouvertes, haletantes, **nous aveuglera, cinglera nos** joues.

1486. Réponse B. Et **une petite fille parut**, examinant la situation avec *une mine* de souris qui **sort** de **son trou**. **Elle était coiffée** d'une couronne de feuillage, qui **garantissait sa** tête contre l'ardeur du soleil.

1487. Réponse A. Au dernier bruit des eaux que la forêt **répétait** / Devant l'immensité qui **s'ouvrait** sur ma tête, / Je m'**asseyais** à ma porte et **regardais** les cieux.

1488. Réponse C. Les pieds dans les glaïeuls, **ils dorment**. Souriant comme / **Souriraient des enfants malades, ils font** un somme : / Nature, berce-les chaudement, ils ont froid.

1489. Réponse C. **Nous n'avions pas entendu** notre grand-mère entrer. Elle posa ses mains sur nos épaules. **Nous sursautâmes**, puis montrant la photo, **nous** lui **demandâmes** : Qui c'est, cette femme ?

1490. Réponse A. **Qu'ils sont beaux** !… chuchotait ma mère. Et tu vois comme **ils se servent de leurs pattes** ? Et tu vois les mouvements de leurs têtes et cette arrogance? Et **ces tours** de bec pour vider le noyau? Et remarque bien qu'**ils n'attrapent** que les plus mûres…

1491. Réponse C. Mais, soudain, **je redépliai** le papier, **passai ma** main dessus pour l'aplanir, et comme ayant pris une résolution… À

ce moment, **elle entendit son** nom : la maîtresse l'interrogeait. **Elle dut se** lever, **elle récita** de manière machinale un court poème de Victor Hugo, qu'heureusement **elle savait** fort bien.

1492. Réponse B. Il se demandait d'où **venaient** toutes les gouttes qui tombaient devant lui, et mêlées à la boue **enveloppaient** ainsi **ses** jambes, [...] **ses** genoux et le **glaçaient** jusqu'au ventre ?

1493. Réponse A. **Tatie a dit que sa nièce était** une très bonne fille et qu'**elle allait** à la messe tous les dimanches.

1494. Réponse B. Le retour en autocar **se ferait** dans l'allégresse, et l'arrivée à San Marco, avec la coupe qui **passerait** de main en main, **serait** un véritable triomphe. **Je gagnerais** ce jour-là mes titres de noblesse.

1495. Réponse A. **J'écoutai** : le même bruit **se répéta** et **se multiplia**. Surpris et curieux, je me **levai**, je **perçai** à travers un fourré de broussailles du côté d'où venait le bruit, et dans une combe , à vingt pas du lieu même où je croyais être parvenu le premier **j'aperçus** une manufacture de bas.

1496. Réponse A. **Elle ignorait son** vrai nom, et **elle s'était habituée** à ce nom que **lui avait donné** sa maîtresse, comme s'il était celui que **sa** mère avait choisi pour **elle**. Pourtant **elle pensait** qu'un jour quelqu'un **dirait son** vrai nom, et qu'**elle tressaillirait**, et qu'**elle** le **reconnaîtrait**.

1497. Réponse C. **Elle se souvient** avoir fait, la nuit dernière, / Un rêve merveilleux, un songe du futur. / ... **Perdue** au milieu d'un désert de sable blanc, / **Elle fut** alors **sauvée** par un groupe d'enfants, / Souriant, en selles sur d'étranges montures : / De gros mammifères velus bardés de fer. / **Installée** sur le dos d'un de ces animaux, / **Elle partit** donc avec ces jeunes cavaliers.

1498. Réponse C. **Tu gênes** les flâneurs, **tu excites** les paresseux, **tu**

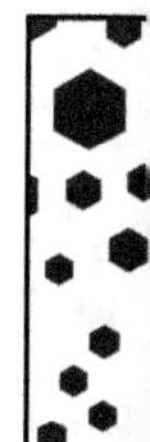

ranimes les fatigués, **tu impatientes** les pensifs, **mets** les uns en gaieté, les autres en haleine, les autres en colère, tous en mouvement, **piques** un étudiant, **mords** un ouvrier, **te poses, t'arrêtes, repars, voles** au-dessus du tumulte et de l'effort.

1499. Réponse C. **Elles se sont placées** face à face sur la scène, **se sont branchées** sur le même ampli. **Elles nous ont annoncé** qu'**elles** allaient jouer le 24e Caprice et qu'**elles** le joueraient jusqu'à ce que l'une d'entre **elles** soit vainqueur.

1500. Réponse B. Ma seule consolation, **quand je monte** me coucher, **est** que maman **viendra** m'embrasser quand je serai dans mon lit. Mais ce bonsoir **dure** si peu de temps, elle **redescend** si vite, que le moment où je l'**entends** monter, puis où **passe** dans le couloir à double porte le bruit léger de sa robe de jardin de mousseline bleue […], **est** pour moi un moment douloureux. Il **annonce** celui qui **va** le suivre, où elle m'**aura** quitté, où elle **sera** redescendue. De sorte que ce bonsoir que j'**aime** tant, j'en **arrive** à souhaiter qu'il **vienne** le plus tard possible, à ce que se **prolonge** le temps de répit où maman n'**est** pas encore venue.